AILLY-EN-CRUYE

ET

SES ANCIENS SEIGNEURS

RECHERCHES HISTORIQUES

PAR

M. Adrien MAQUET

VERSAILLES

IMPRIMERIE E. AUBERT

6, Avenue de Sceaux, 6

1885

BAILLY-EN-CRUYE

BAILLY-EN-CRUYE

ET

SES ANCIENS SEIGNEURS

RECHERCHES HISTORIQUES

PAR

M. ADRIEN MAQUET

VERSAILLES

IMPRIMERIE E. AUBERT

6, Avenue de Sceaux, 6

1885

Extrait des **Mémoires de la Société des Sciences morales, des Lettres et des Arts de Seine-et-Oise. Tome XIV. Année 1884.**

CHATEAU DE BAILLY, Près Versailles

BAILLY-EN-CRUYE

ET

SES ANCIENS SEIGNEURS

RECHERCHES HISTORIQUES

ANTIQUITÉS. ORIGINES DU VILLAGE DE BAILLY.

Le village de Bailly était beaucoup plus considérable aux temps féodaux qu'il ne l'est aujourd'hui. C'était le siège d'un bailliage dont les appels ressortissaient devant le bailly de Neauphle-le-Châtel. Les fiefs de ce lieu, qui formait une seigneurie indivise avec celle de Noisy, étaient tenus en plein de la chastellenie et plus tard de la baronnie dudit Neauphle. Ces fiefs valaient par an au seigneur de Neauphle six cents livres et plus de revenu.

Dès le XIIe siècle, il y avait à Bailly un village de quelque importance; nous croyons pouvoir rapporter à ce lieu le miracle dont parle Guillaume le Breton et qu'il raconte ainsi : Au territoire de Chartres, l'hostie entre les mains du prêtre devint de chair, en un village nommé Bailly (1). Ceci se passa en 1197, et l'on peut préciser

(1) *In territorio carnutensi hostia in manibus sacerdotis, versa est in carnem, in villa quæ dicitur Bailliolum* Dom Bouquet, *Recueil des historiens de France*, t. XVII).

qu'à cette époque ce lieu formait déjà une paroisse. Le gros du village s'étendait beaucoup plus au nord vers la forêt de Cruye (ou de Marly). Le pouillé du diocèse de Chartres, de l'an 1260, nomme parmi les paroisses de ce diocèse celle de Bailly (*Balliacum*), composée à cette époque de cinquante paroissiens, ou chefs de famille sans doute. L'église de ce lieu, dédiée à saint Sulpice, était à la collation de l'archidiacre de Chartres, qui nommait à la cure. Le revenu de cette cure était à cette époque de trente-sept livres dix sols (1). En 1641, l'archidiacre de Notre-Dame de Poissy était collateur de cette cure, qui valait alors trois cent quarante livres de revenu. Le village de Bailly était divisé en deux parties : l'une, bâtie sur la hauteur, s'étendait le long de la forêt de Cruye, autour d'un château construit sur la lisière des bois, au-dessus de la butte Portas, dans lequel demeuraient les seigneurs de Bailly haut, de la maison de la Villeneufve, et dont les anciens fossés, comblés depuis, se voyaient encore avec les ruines du château, au commencement du XVIIIe siècle. Cette partie du village, qui a disparu, formait la seigneurie du haut Bailly, possédée par les seigneurs de Noisy, par indivis. Le village actuel formait la seigneurie du bas Bailly où étaient situés l'église et le château appelé le petit château, dont les seigneurs possédaient aussi une partie de Noisy, par indivis. Ce lieu est désigné, dans les différentes chartes qui en font mention, sous les noms latins de : *Bailliolium*, *Balliacum*, *Baalliacum*, *Balliaco*, *Ballietum* ; et romans de : Baalai, Baalci, Baalli, Baalle, Baali et Bailly-en-Cruye qu'il porte encore de nos jours. Dans des titres du XVIe siècle,

(1) La livre d'argent valait alors environ vingt-cinq francs, ce qui ferait la somme de 927 fr. 50 c. de notre monnaie actuelle.

il est aussi nommé Bailly au Val-de-Gallie. Ce village situé sur la route départementale n° 5, qui le traverse de l'est à l'ouest, est à 25 kilomètres de Paris, 7 kilomètres de Versailles et 4 kilomètres de Marly-le-Roi. Sa population est de près de 400 habitants. L'église offre peu d'intérêt ; elle a été restaurée ou réédifiée en 1610, le chœur fut reconstruit par la libéralité de madame de Maintenon, qui en donna les boiseries. On y remarque deux beaux tableaux, la Cène au maître autel et la *Renonciation de Jésus-Christ par saint Pierre*. La statue fort ancienne et de style roman de Notre-Dame de Bon-Repos, autrefois l'objet d'un pèlerinage, y fut placée lors de la démolition de la petite chapelle de Bon-Repos, située au bas du village, près de Noisy-en-Cruye.

Par suite de la disposition et de la construction du chœur de cette église, le maître-autel apparaît de l'entrée, au fond d'une arcade ogivale formée par la tour du clocher, les autels et la chaire à prêcher masquent les deux côtés latéraux du chœur, de manière que ni les personnes qui sont dans cette partie de l'édifice, ni les chantres et l'organiste ne paraissent aux yeux des assistants.

L'autel de la Vierge est décoré d'une statue de la Vierge et de l'Enfant Jésus d'une disposition peu commune et qui est un chef-d'œuvre. Elle est en marbre blanc : la Vierge assise donne le sein gauche à l'Enfant Jésus, qui, debout, et le torse d'un modelé admirable, puise ainsi le lait maternel. La tradition veut que cette statue ait décoré autrefois l'ancien domaine du Moulin de Gallie ou des Moulineaux et que sa possession ait même été l'objet d'une bataille entre les habitants des deux villages de Bailly et Noisy, qui se seraient autrefois disputé ce chef-d'œuvre jusqu'à en venir aux mains. Ne

serait-ce pas plutôt la statue vénérée de Notre-Dame de
Bon-Repos qui aurait excité une sorte de sainte convoi-
tise entre les pieux habitants de ces villages à une époque
fort éloignée et dont on ne peut préciser la date?

Quoi qu'il en fût alors, l'église de Bailly est demeurée
en possession de ces remarquables statues.

A la petite porte latérale à gauche de l'église, se voit
une entrée de serrure aux armes du cardinal de Gondy.
La nef et le clocher rebàtis en 1775 ont été restaurés il
y a quelques années (1). Des trois clochcs qui étaient
autrefois dans le clocher, une seule est restée, les autres
ayant été fondues à la Révolution, comme cela se fit
alors partout.

Parmi les fondateurs et bienfaiteurs de cette église
nous serions porté à citer les rois de France dont les ar-
moiries s'y trouvent; à moins que l'écusson blasonné de
trois fleurs de lis, entre deux branches d'arbres, qui se
voit à la voûte de l'église, ne représente le blason du
lieu, ou d'un seigneur du lieu, ce qui n'est guère probable, mais, en l'absence de tous autres titres, nous in-
clinons à penser qu'il rappellerait plutôt une concession
royale quelconque. Nous pourrions y ajouter les noms
du cardinal de Gondy et de madame de Maintenon.
L'emplacement de l'ancien cimetière se voit encore
autour de l'église.

La paroisse de Bailly était assez considérable pour
qu'il y eût un vicaire attaché à la cure, dès l'an 1666.
L'église de Saint-Sulpice de Bailly prit le titre d'église
royale et paroissiale de 1756 à 1790. Nous ignorons comment cette concession lui fut accordée par le roi Louis XV,

(1) Le clocher et sa flèche, faite à cette époque, portent encore
cette date.

aucunes lettres à ce sujet ne nous ayant satisfait au cours de nos recherches, mais ce titre malgré cela était patent, puisqu'il en est fait mention dans les registres de l'état civil du lieu. Le caveau seigneurial peut avoir eu sa place marquée devant l'autel de Sainte-Anne ; et plusieurs curés furent inhumés dans le chœur, ainsi que des personnages de la noblesse et des finances dans d'autres parties de cette église (1).

Parmi ces personnages résidant à Bailly, nous pouvons citer dès le xviiᵉ siècle (époque où la population et les propriétés bourgeoises s'accrurent considérablement autour de Marly) : Messieurs de Laistre (1710-1720) ; Monsieur Nupied (1718) ; Messieurs Duvaulx (1715-1720) ; Dutillet (1721-1802) ; Chupin de Germigny (1735-1740). La famille du Bois, dont : Pierre du Bois, officier de madame la duchesse d'Orléans ; Jacques du Bois, son frère, officier chez le Roi ; Elisabeth du Bois, leur sœur, femme de Pierre Mahieu, fermier du Roi, morte le 28 février 1712, et inhumée dans l'église de Bailly, en présence des susdits le 2 mars. Messieurs Jean-Nicolas Chupin de Germigny, avocat au parlement de Paris (1758) ; Charles Caterbi, huissier des ordres et de la chambre du Roi (1766-1787), dont la belle-mère, Marguerite-Thérèse Monglas, fut inhumée le 6 septembre 1768, en la chapelle de Sainte-Anne à Bailly ; et lui-même, étant âgé de 69 ans, mourut à Bailly, où il fut inhumé au cimetière.

En 1750, eut lieu la bénédiction de la petite cloche de la paroisse de Bailly. Le procès-verbal, consigné dans les

---

(1) Nous n'avons pu trouver la place du caveau seigneurial ; toutefois il en a existé un, suivant une tradition locale. Il serait de même assez difficile de retrouver les tombes innombrables de cette église que la Terreur a dispersées.

registres de l'état civil, est ainsi rédigé : « L'an 1750, le 26 juillet, à l'issue de la messe paroissiale, je soussigné curé de Bailly ai fait la bénédiction de la petite cloche de cette église, laquelle a été nommée Jeanne Radegonde, par messire Jean-Baptiste-François de la Michodière, chevalier, seigneur de La Michodière et de Hauteville, conseiller du Roy, maître des requêtes de son hôtel, et président au grand conseil, et par dame Anne-Radegonde Hénin, épouse de messire François Bernard Boulin, chevalier, seigneur du fief de Bailly, conseiller du Roy en sa cour des Aides. Lesquels ont signé avec nous. »

En 1777, il y avait un pensionnat de jeunes gens à Bailly. Deux ans plus tard, il y avait tout simplement un maître d'école remplaçant le pensionnat disparu. Il y avait dès 1768 une maîtresse d'école audit lieu. C'est au reste à peu près la date de ces institutions aux environs de Marly.

Vint l'époque révolutionnaire, chassant par la terreur les officiers du fisc et les desservants du culte (1). Comme partout, il y avait, et surtout parmi les horzins ou gens étrangers au pays, des gens dévoués au mal qui malgré cela n'en purent faire beaucoup. Le fameux club des Sans-Culottes de Louveciennes ne paraît pas avoir exercé son influence à Bailly, et les pouvoirs municipaux exercés d'une main ferme au nom de la municipalité, commune, communauté ou même conseil général de Bailly, suivant les époques de la Révolution, paraissent avoir maintenu dans ce village le respect des personnes et des propriétés.

Dans les registres de l'état civil de cette époque, les noms de Brutus, Scévola, Egalité, etc., sont prodigués

----

(1) Voir à l'appendice les noms des officiers de la seigneurie de Bailly, des curés, vicaires et fermiers du roi.

aux nouveau-nés, mais en 1796, les noms des saints sont donnés de nouveau aux enfants. Quant aux cérémonies qui accompagnaient ces parrainages, elles se bornaient à une simple déclaration de naissance et des noms imposés au nouveau-né. Pour les mariages, c'était bien autre chose : l'officier public de la commune, au jour dit, à l'heure de midi, se tenait devant la porte de la maison commune et publiait à haute voix, devant le peuple assemblé, les promesses de mariage, qui étaient suivies de la publication affichée à ladite porte desdits projets d'union.

En 1801, lorsque la loi du divorce fut proclamée, quelques-uns se hâtèrent d'en profiter, mais il n'y eut qu'un seul cas de divorce à Bailly. Le mari, assisté de trois témoins, parents ou amis, après déclaration, fut dûment invité à se présenter à la mairie ou maison commune ainsi que sa femme (défenderesse) assistée de même de trois témoins, pour l'assemblée des parents, et l'examen des griefs énoncés. La femme ayant fait défaut, reçut signification à comparaître par huissier. Elle comparut donc seule, et ayant dit qu'elle n'était pas pressée, se retira de suite. Une autre assemblée ayant eu lieu ensuite et lesdits conjoints s'étant présentés à la mairie et ayant demandé à haute voix, en présence de leurs témoins, le divorce, le maire, au nom de la loi, prononça la dissolution de leur mariage (1).

Nous nous arrêterons ici, notre but étant surtout de rechercher ce qu'il pouvait y avoir d'intéressant dans l'histoire féodale de cette localité jusqu'au XIXᵉ siècle, dont les évènements trop récents appartiennent aux chroniqueurs à venir qui seront mieux en état de les juger que les contemporains.

(1) Registres de l'état civil de Bailly.

LES SEIGNEURS DE BAILLY

Les seigneurs de Marly de la maison de Montmorency possédaient la dîme de Bailly à une époque fort reculée. Quelle que fût l'importance de ce droit, d'autres seigneurs particuliers se partageaient ce lieu, sous la dominance des seigneurs de Marly et de Neaufle. La haute justice de cette seigneurie appartenait au roi et la basse justice au seigneur de Bailly. Parmi ces seigneurs particuliers, le plus ancien est peut-être Godefroy de Bailly (Godefridus de Baali), qui paraît comme témoin dans une charte de Simon de Neaufle, confirmant une donation faite à l'abbaye des Vaux-de-Cernay par Hugues de Plaisir (1162-1173) (1).

Gaston de Maubuisson (Gazonis de Malbussom) tenait des seigneurs de Marly la dîme de Bailly vers la fin du douzième siècle.

Le 20 décembre 1181, Pierre, évêque de Chartres, donne une charte, par laquelle il fait savoir que Emmelina, femme de Gaston de Maubuisson, avec le consentement de Pierre, son jeune fils, clerc, a fait donation entre ses mains de la dîme de Bailly. Et qu'à la prière de l'abbé et des frères de Cernay, à cause de leurs mérites en la religion, il leur a donné en perpétuelle possession et teneur de ladite église, savoir : les propriétés, domaines et avoir dudit fils, mais dont il possédera l'usufruit, durant sa vie, dont, vu la jeunesse dudit clerc, il fut dressé procuration en l'église du lieu, en prévoyance nécessaire et pour pourvoir à cette donation.

(1) Cartulaire de l'abbaye de Notre-Dame des Vaux-de-Cernay, par Auguste Moutié et L. Merlet, t. 1er, p. 37.

Cet usufruit sera perçu intégralement par lui-même pour en disposer à sa volonté et permission sur la grange et les prairies qui sont au même lieu proche l'église ou y attenant et que ladite Emmelina a concédés à ladite église pour le salut de son âme.

Le prélat finit cette charte en vouant à l'anathème ceux, séculiers ou ecclésiastiques, qui troubleraient les possesseurs de cette dîme. Il la munit de son sceau en présence des témoins qui furent : Guillaume, son coadjuteur, Gauthier, archidiacre de Poissy, Gauthier, chefcier, et Lambert, prêtre (1).

Au mois de mai 1203, Regnauld, évêque de Chartres, confirmait ces donations en faveur de l'abbaye des Vaux-de-Cernay en ces termes : Regnauld, par la grâce de Dieu, humble ministre de l'église de Chartres, à tous présents et à venir à qui ces présentes lettres parviendront, Salut en notre Seigneur. Nous faisons savoir à tous que nos donations consistant en dîme, grange et pré à Bailly faites par Emmelina, autrefois femme de Gaston de Maubuisson, à l'abbé et aux frères de Cernay, selon les lettres accordées à la recommandation de Pierre, notre antécesseur, et ce qu'elles contiennent, nous les approuvons et avons pour agréables, et les affirmant d'une manière permanente et perpétuelle, de notre autorité, les confirmons de notre sceau (2).

Roger de Baaly et Mélisende, sa femme, donnèrent en 1204 quarante arpents de terre, à Villacoublay, aux religieuses de l'abbaye de Valprofond, qui avaient aussi à Villacoublay une chapelle appelée Jérusalem (3).

(1) Cartulaire des Vaux-de-Cernay, charte LXV.
(2) *Ibid.*, charte CXXIII.
(3) Histoire du diocèse de Paris, par l'abbé Lebeuf, VII, p. 363.

En 1207, Guillaume, seigneur de Bailly (Baalle), pour le remède de son âme, donne à l'abbaye des Vaux-de-Cernay, en perpétuelle aumône, dix sols de cens payables chaque année, au lendemain de la fête de Saint-Rémy, à prendre sur Bailly ; du consentement de Gauthier son fils et d'Adelina, femme dudit Gauthier. Simon de Neaufle, seigneur dominant de Guillaume, approuve et confirme cette donation la même année (1).

Au mois de juillet 1239, le seigneur de Marly donne la charte suivante concernant la dîme de Bailly : Moi, Pierre de Marly, chevalier, fais savoir que j'ai vendu à Monseigneur Louis, roi de France, la dîme que j'avais à Bailly, qui vaut chaque année douze muids de blé à la mesure de Poissy, qui est perçue sur les terres du Val-de-Galie, des gagniages de Bailly, des molières de Noisy et des essarts de Marly (2), pour cinq cent quarante livres parisis qui m'ont été payées chaque muid vendu pour quarante-cinq livres parisis.

Cette vente a été approuvée par Jeanne, mon épouse.

Gaston de Maubuisson tenait cette dîme de Simon de Neaufle qui la tenait de Pierre de Marly, et ces dîmateurs durent approuver le don de leur suzerain et seigneur dominant.

Le roi saint Louis donna au mois de juin 1248 la dîme de Bailly à l'abbaye de Maubuisson, près de Pontoise. Cinq ans plus tard, en février 1253, Adelina, veuve de Gaston de Bailly, et son fils Guillaume, donnè-

---

(1) Cartulaire des Vaux-de-Cernay, t. I, p. 158, charte CXLIII. Voir à l'appendice la note 1.

(2) Les Essarts de Marly étaient des bois nouvellement abattus et mis en culture. Ce lieu est nommé aujourd'hui la plaine du Trou d'enfer où est située la ferme de ce nom, qui s'appelait autrefois la ferme des Essarts.

rent une charte d'approbation de la vente de la dîme de
Bailly faite par Gaston au roi de France (1).

L'abbaye de Saint-Cyr, au Val-de-Galie, était copro-
priétaire pour moitié des grosses et menues dîmes à
Bailly et Noisy ; et par rapport à ces dîmes, elle était
tenue collectivement avec l'abbaye de Maubuisson aux
réparations du chœur et du cancel ou balustrades du
chœur des églises de Bailly et de Noisy (2). Un différend
entre lesdites abbayes et le curé de Bailly étant par
suite survenu au sujet des dîmes des novales de ce lieu,
il y eut entre ces abbayes et ledit curé une transaction
qui assoupit complètement cette affaire.

Le curé de Bailly recevait de l'abbaye de Maubuisson,
sur la moitié des grosses et menues dîmes de Bailly, par
chaque année, un muid de blé méteil et sept boisseaux
d'avoine, et le curé de Noisy en recevait autant à cause
des dîmes de ce lieu. Les dames religieuses de Saint-Cyr
en donnaient autant pour le même sujet auxdits curés.
Il y eut encore par la suite bien des procès et des contestations par rapport à la donation de ces dîmes, entre
autres un compromis entre lesdites abbayes et le curé
de Marly au sujet de la dîme du canton appelé les
Bruyères, entre Marly, Bailly et Noisy. Plus tard, il y
eut une sentence rendue après contestations entre l'abbé
de Saint-Denis, seigneur de Louveciennes, et les ab-
besses et religieuses de Saint-Cyr et de Maubuisson au
sujet de la dîme d'une pièce de terre que les moines de
Saint-Denis prétendaient faire partie du territoire de
Louveciennes et les religieuses de Maubuisson faire

(1) Voir la note n° 2 à l'appendice.
(2) Par contre les paroissiens devaient les réparations aux bas
côtés ou collatéraux de leur église.

partie du terroir de Bailly ; un nouveau bornage de ces territoires mit fin à cette contestation. Enfin une autre sentence, rendue en faveur de l'abbaye de Maubuisson, condamna les dames de Saint-Cyr à garantir leurs fermiers du trouble fait par les dames de Louveciennes au sujet des dîmes de Bailly (1).

Dans le testament d'Hervé de Chevreuse, fait en 1262, Etienne de Bailly reçoit quarante sols au mois de mai de la même année (2).

En 1276, Richard de Bailly est cité dans une charte de l'abbaye des Vaux-de-Cernay pour sa maison de Vernon (3).

Pierre de Bailly obtint, au mois d'octobre 1289, de Philippe III, roi de France, la permission d'acquérir, pour les donner à sa fille, religieuse à Maubuisson, et audit couvent, des fiefs d'un revenu de cent sols, pourvu que l'hommage du haut roi n'en fut pas diminué.

Pierre de la Villeneufve, écuyer, seigneur de Bailly et Noisy, en partie, vivant en 1270, est le premier de cette famille qui ait possédé ces seigneuries (4).

(1) Cartulaire de l'abbaye de Notre-Dame la Royale de Maubuisson. Par suite de l'acquisition de terres acquises par le roi aux territoires de Bailly et de Noisy, et pour l'indemnité des dîmes de Bailly et de Noisy, il fut fait, en faveur de l'abbaye de Maubuisson, une rente de 320 fr. sur les aides et gabelle, à laquelle avait été réduite celle de 512 fr. constituée le 12 novembre 1714 et aussi pour la dot de Mme Laleu, religieuse à Maubuisson. Un titre nouveau de ladite rente fut fait par le prévôt et les échevins de Paris en date du 14 août 1765. Une rente de 82 fr. 10 sols, à laquelle avait été réduite celle de 132 fr. constituée le 4 août 1717 pour l'indemnité de la dîme des terres de Bailly et Noisy enclavées dans le parc de Marly, dont fut fait un titre nouveau par le prévôt et les échevins de Paris, en date du 14 août 1760.
(Cartul. de Maubuisson.)
(2) Cartulaire des Vaux-de-Cernay, p. 573.
(3) *Ibid.*, p. 734.
(4) Les armes de la Villeneufve sont : de gueules, semé de bilettes d'argent, au lion du même brochant.

Philippe de la Villeneufve, son fils, écuyer, seigneur de Bailly et Noisy-en-Cruye, en partie, du Chêne-Rogneux, près de Grosrouvres, au comté de Montfort, de Goupillières et autres lieux, vivait en 1285, et eut pour fils :

Robert de la Villeneufve, écuyer, seigneur de Bailly et de Noisy-en-Cruye, en partie, conseiller au Parlement de Paris en 1324 ; il fut père de :

Jehan Ier de la Villeneufve, écuyer, seigneur de Bailly et Noisy-en-Cruye, en partie, conseiller au Parlement de Paris en 1366 ; qui eut pour fils :

Jehan II de la Villeneufve, l'aîné, écuyer, seigneur de Bailly et Noisy-en-Cruye. Il épousa Alix de Lévis, fille de Philippe de Lévis, chevalier, seigneur de Marly-le-Chastel et de Magny-l'Essart, et d'Alix de Quélus de laquelle il eut deux fils et deux filles (1).

Alix de Lévis, devenue veuve, se remaria à Pierre de Bouaphle, escuyer. Celui-ci rendit foi et hommage à la dame châtelaine de Neaufle (2) en l'année 1424, en ces termes : Ce sont les héritages que je, Pierre de Bouaphle, escuyer, advoue à tenir en foy et hommage de madame de Neaufle, à cause de Alix, ma femme et des enfants de feu Jehan de la Villeneufve, l'aisné et de ladite Alix, tant du fief de Bailly en hault comme du fief de la Villeneuve assis en la ville et au terroir de Bailly.

Premièrement : Du fief de Bailly en hault, appartenant à feu Pierre de Bynanville ;

Item : Trente arpents de boys ou environ, à Bailly en hault, tenant d'un côté au boys de Adam de Saint-Cloud, d'aultre au fief Monsieur de... ? d'aultre, etc.

Item : Seize livres de menu-cens sur plusieurs personnes, payables au jour de Saint-Rémy ;

(1) Les armes de Lévis sont : d'or à trois chevrons de sable.
(2) Catherine d'Aigreville, dame de Neaufle.

Item : Un arpent et trois quartiers de prez ou environ, à Franconville, tenant au prez de Monsieur de Mendry ;

Item : Douze setiers d'avoyne et douze chappons ou environ et à chacun chappon six deniers ;

Item : Quatre arpents de terre ou environ tenant à la rue des Prez et au chemin du Prieur ;

Item : Sept quartiers de prez ou environ, tenant à la Cousture aux Villeneufve qui soulleroit valoir huit septiers d'avoyne et huit chappons et pour chaque chappon six deniers ;

Item : Ung fief que l'on appellait le fief Rolland qui contient sept à huit arpents de terre ou environ assiz à Chaudebouton et l'Aunay-Gobreson ;

Item : Ung fief que tient Guillaume de Novion qui contient environ quatre-vingts arpents de terre ;

Item : Quatre arpents et trois quartiers ou environ de terre assiz au moulin du Béchevet ;

Item : Ce sont les terres que ledit Pierre au nom que dessus advouons à tenir de ma dite dame de Neaufle, qui furent à feu Jehan de la Villeneufve, l'aisné, assiz au lieu de Bailly.

Premièrement : La maison ou masure avecque le jardin, que l'on appelle la Villeneufve ;

Item : Quatorze arpents de terre ou environ, assiz au lieu dit la Cousture ;

Item : Ung arpent de terre ou environ assiz en ?...

Item : Quatre arpents de terre à l'Espine-Heman ;

Item : Sept arpents de terre de là le rû des Moulins ;

Item : Trois quartiers de terre ou environ, assiz au Grand Prez ;

Item : Trois arpents de prez appelés le Grand Prez ;

Item : Sept quartiers de terre assiz aux Sablons, tenant au chemin de Noisy ;

Item : Trois arpents et trois quartiers de terre auprès
de la ville qui soulleroient (1) valloir huit setiers d'a-
voyne et huit chappons et six deniers sont quittés ;

Item : Soixante sols parisis ou environ et en menu-
cens ;

Item : Le fief Doynet qui contient vingt-sept arpents
de terre, avec la maison, les jardins et trois quartiers de
prez ;

Item : Le fief que tient Guillaume de Novion, appellé
le Champ du Moustier qui peut valloir cinquante sols de
cens et trois arpents de terre ou environ. Et si plus en
viennent en la congnoissance dudict Pierre, je advoue à
tenir de ma dite dame de Neaufle. Ce fust faict et scellé
du scel dudit Pierre l'an de grâce 1424 le dimanche
douziesme jour de mars (2).

Cet aveu confirme entièrement ce que nous avons an-
noncé en commençant sur la division des seigneuries de
Bailly et Noisy en fiefs indivis et en arrière-fiefs, car les
quelques fiefs mentionnés dans cette pièce ne sont bien
que des arrière-fiefs, relevant de ceux de la Villeneufve ou Bailly haut et de Bailly en bas.

Nous y trouvons aussi le nom de Pierre de Bynanville, que nous croyons avoir été précédé dans la seigneurie de Bailly hault par Gatot de Bailly, écuyer ; de
Gaston de Poissy, seigneur de Maisons-sur-Seine et
autres lieux ; mentionné dans le testament dudit Gaston,
fait en septembre 1312, pour un legs de vingt sols parisis, et pour lequel testament ledit écuyer est nommé

(1) Qui pourraient ou devraient.
(2) Collection et archives de Monsieur Filassier, à Maule ; copies
d'après les originaux.

avec les abbés d'Abbecourt et de Joyenval exécuteur tes-
tamentaire.

Dans un autre aveu rendu par Jehan d'Aigreville,
seigneur chastelain de Neaufle, au roi de France, le huit
février 1366, l'on trouve la mention suivante :

Item : Ce que tenait de nous Messire Guillaume de
Vuideville (1) à Bailly, en la vicomté de Paris ; ce qui ne
peut s'appliquer qu'au fief de Bailly bas, puisque le fief
de Bailly haut était à cette époque dans la maison de la
Villeneufve. Il est à remarquer qu'à la date de cet aveu
Neaufle relevait du roi à cause du comté de Meulan (2).
En 1404, Messire Hugues le Renvoisin, doyen de Notre-
Dame de Poissy, chanoine de Notre-Dame de Pontoise,
seigneur de Vaulx et autres lieux tenait à foi et hommage le fief de la Merrerie (*sic*) de Plaisir, de noble
homme Pierre Nimoust? écuyer, seigneur de Baillif et de
Villiers-le-Mahieu. Pierre Nimoust ? avait donc très probablement succédé à Guillaume de Vuideville, en la seigneurie de Bailly bas (3).

Le fils aîné de Jehan II de la Villeneufve et d'Alix de
Lévis, nommé Guillaume, premier du nom, fut seigneur
de Bailly et Noisy-en-Cruye, en partie, et d'Argat, près
Limours, des fiefs ou seigneuries des Bordes-sous-
Neauphle, de la Cour des Prés à Plaisir, de la Maison-
Neuve, de la Craune à Plaisir, de Buc près Thiverval à

(1) Collection Filassier. Titres de Neaufle.

(2) En 1403, Jehan de Valmartin et Jehanne sa femme, demeurant à Auteuil en la comté de Montfort-l'Amaulry, donnent à bail
à rente, à Jehan Bernart de Bailly et à Belon, sa femme, plusieurs maisons, pourpris, jardins, courts et appartenances,
terres, etc., en la censive de Martin de Louveciennes à Bailly,
moyennant 32 sols parisis de rente ou cens annuel. (Archives de
de Seine-et-Oise. A. 186.)

(3) Collection Filassier. Titres de Neaufle.

cause de sa femme ; et depuis premier échanson de madame Michelle de France, fille du roi Charles VI. Il avait épousé Jehanne le Flament, dame de Bonnelles, de la Bretesche, les Bordes et l'Etang la Ville, qui lui apporta ces terres en mariage : elle était fille unique et héritière de messire Jehan le Flament, écuyer, seigneur desdits lieux et d'Alix de Puisieux, fille de messire Thibaud de Puisieux, premier pannetier du roi Charles V, de laquelle il eut un fils unique nommé :

Simon de la Villeneufve, écuyer, seigneur de Noisy et Bailly, en partie, avec Simon de Saint-Benoit, écuyer, seigneur de Révillon-en-Brie (1), fils de Simon de Saint-Benoist, seigneur de Prémont au pays chartrain et de Bailly en partie et de Claude d'Orval (2). En 1587, Pierre de Saint-Benoit, écuyer, était seigneur châtelain de Prémont; Jehan et Denis ses fils, écuyers, étaient archers des ordonnances du roi sous les ordres de François d'Orléans, comte de Saint-Paul.

Simon de Saint-Benoit, ou de Bailly bas, épousa

---

(1) Jean de Saint-Benoît, drapier et bourgeois de Paris, était, dès 1342, seigneur du fief de Fleury à Meudon. Ce fief relevait de celui de Revillon, qui, depuis environ 1340 jusqu'en 1532, a appartenu à messieurs de Saint-Benoît.

Maître Miles Chaligault avait épousé Isabelle de Saint-Benoît (1427-1434) (Sauval, Antiquités de Paris, III, p. 566-567).

Jacques de Saint-Benoît, seigneur de Bretigny en 1468, était peut-être l'un des fils de Simon, seigneur de Bailly. (Dict. hist. de Hurtaud et Magny, t. II, p. 533.)

En l'église de Saint-Germain-des-Prés se voyait autrefois l'épitaphe suivante : Cy gist religieuse personne et honneste frère, Simon de Saint-Benoît, jadis trésorier et depuis grand prieur de cette église, fils de feu sire Simon de Saint-Benoît, jadis... (bourgeois) de Paris, et de Marie, sa dernière femme, qui trespassa l'an 1437, le quatorzième jour d'aoust, Dieu ait l'âme de luy. Amen. (Epitaphier de Paris, t. V. Biblioth. nat.)

(2) Les armes d'Orval sont d'or, à cinq cotices de gueules. (Lainé, t. III, mss. de la Biblioth. nat.)

Jeanne ou Denise Auger, fille de Simon Auger, et de Jeanne de Gauville. Il mourut en 1490, laissant cinq fils, dont l'aîné, qui suit, lui succéda en la seigneurie de Bailly.

Jehan de Saint-Benoit (1), écuyer, fut seigneur en partie de Bailly et Noisy, avec Simon de la Villeneufve, et ensuite avec Guillaume de la Villeneufve, fils de Simon. Jehan de Saint-Benoit, né en 1467, émancipé par son père le 17 juillet 1477, était seigneur du fief des Moulineaux, dès 1490. Il mourut vers l'an 1524, laissant de Perrette d'Auriac, sa femme, deux filles, dont l'aînée, nommée Catherine, eut en dot la seigneurie de Bailly et la cadette, nommée Andrée de Saint-Benoit, ayant épousé Claude d'Ancienville, écuyer, seigneur de Villiers-aux-Corneilles, lui apporta en mariage la seigneurie de Révillon-en-Brie. Elle était veuve en 1532, ayant eu de son époux un fils nommé Louis d'Ancienville, seigneur baron de Révillon qui, en cette qualité, reçut l'hommage du fief de Fleury, à Meudon, le 27 juin 1568 et le 18 mars 1598 (2).

Catherine de Saint-Benoit fut mariée deux fois du vivant de son père. Elle épousa en premières noces Claude de Chaligaut, écuyer, seigneur de Crosnes et d'Etiolles (3) après la mort duquel, arrivée le 13 novembre 1512, elle épousa en secondes noces messire

(1) Les armes de Saint-Benoit sont : de gueules, à la bande échiquetée d'argent et d'azur, accompagnée de deux lions d'or.

(2) Hist. du Diocèse de Paris, par l'abbé Lebeuf, t. VIII, p. 387-388.

(3) Les armes de Chaligaut sont : d'azur, à trois cygnes d'argent posés 2 et 1. Voir à l'appendice la note 3.

Jacques Chevrier (1),chevalier, seigneur de Paudy, conseiller du roi en sa cour de parlement de Paris, où il fut reçu en 1522 Il devint seigneur de Bailly et Noisy, en partie, à cause de sa femme, après la mort de Jehan de Saint-Benoit, son beau-père. L'autre moitié des terres et seigneuries de Bailly et Noisy appartenait alors à noble homme Jehan Bazanier, fermier desdites terres.

Dans un acte du 3 mai 1528, l'on voit que Jacques Chevrier était alors seul seigneur de Bailly. Cet acte commençait ainsi : « A tous ceulx qui ces présentes lettres « verront Gilles le Coigneulx, procureur en la cour de « parlement, bailly de Bailly-en-Cruye, pour noble « homme et saige monsieur maistre Jacques Chevrier, « conseiller du roy nostre sire en sa cour de parlement, « seigneur dudit Bailly, salut, sçavoir faisons, etc. (2). »

Les terres de Noisy et Bailly formaient alors,par suite d'échanges, des seigneuries distinctes et séparées; Jacques Chevrier, au nom de Catherine de Saint-Benoit, avait donné la moitié de la seigneurie de Noisy qu'il possédait par indivis, pour avoir des héritiers de Guillaume de la Villeneufve, la moitié de la seigneurie de Bailly que ceux-ci possédaient de même par indivis. Dès l'an 1526, la terre de Noisy appartenait en effet à Guillaume Poyet qui l'avait acquise des héritiers de Guillaume de la Villeneufve.

Jacques Chevrier était fils de Jehan Chevrier, seigneur de Paudy, pannetier de Jehanne de France, duchesse de Berry, fille du roi Louis XI et de Marguerite

(1) Les armes de Chevrier sont : d'azur, à trois têtes et cols de licornes d'argent 2 et 1.

(2) Suite chronologique des seigneurs de Bailly et Noisy, par M. François-Bernard Boulin. Man. du xviiie siècle, à M. Delafontaine, de Noisy-le-Roi.

d'Aubusson, fille de Louis d'Aubusson, chevalier, seigneur de la Villeneufve et de Catherine de Gaucourt. Il mourut le 15 mars 1531 et fut inhumé en l'église de Saint-Germain-l'Auxerrois, à Paris, n'ayant point laissé d'enfants de Catherine de Saint-Benoit, sa femme.

Après sa mort, Jehanne de Chaligaut, petite-fille de Jehan de Saint-Benoit, et fille de Claude de Chaligaut, fils de Charles de Chaligaut, seigneur de Roye, et de Charlotte Chanteprime (1), et de Catherine de Saint-Benoit, dame de Bailly-en-Cruye, épousa Jacques des Ligneris, chevalier, seigneur d'Auge-en-Touraine, de Moinville et de Morancez, conseiller du roi en sa cour de parlement de Paris, à qui elle apporta en mariage les terres et seigneuries de Bailly, de Crosnes et d'Etiolles; il rendit hommage au roi le 22 mai 1538 pour raison de sa terre de Bailly-en-Cruye, relevant du château de Montfort-l'Amaury (2).

Ce fut Jacques des Ligneris qui acheva de bâtir en cette même année le château de Bailly, tel qu'il se voyait encore au dernier siècle, et qui, selon toutes les apparences, avait été commencé par Jehan de Saint-Benoit, dont les armes se trouvaient sur l'une des clés de voûte de l'escalier.

Depuis, Jacques des Ligneris fut reçu président en la troisième chambre des enquêtes du parlement de Paris. Le 14 juillet 1554, le roi Henri II l'envoya, en qualité de l'un de ses ambassadeurs, au concile de Trente, et, vou-

____

(1) Les armes de Chanteprime sont : d'or, à la bande d'azur, accompagnée de deux têtes de sanglier de sable. Charlotte Chanteprime était sœur de la femme de Pierre Lescot, le célèbre architecte. (Mémoires de Lainé, t. III, mss. de la Biblioth. nat.)

(2) Les armes de Ligneris sont : de gueules, fretté d'argent de six pièces ; au franc-canton d'or, chargé d'un lion de sable, armé et lampassé de gueules ; au lambel d'azur pour brisure.

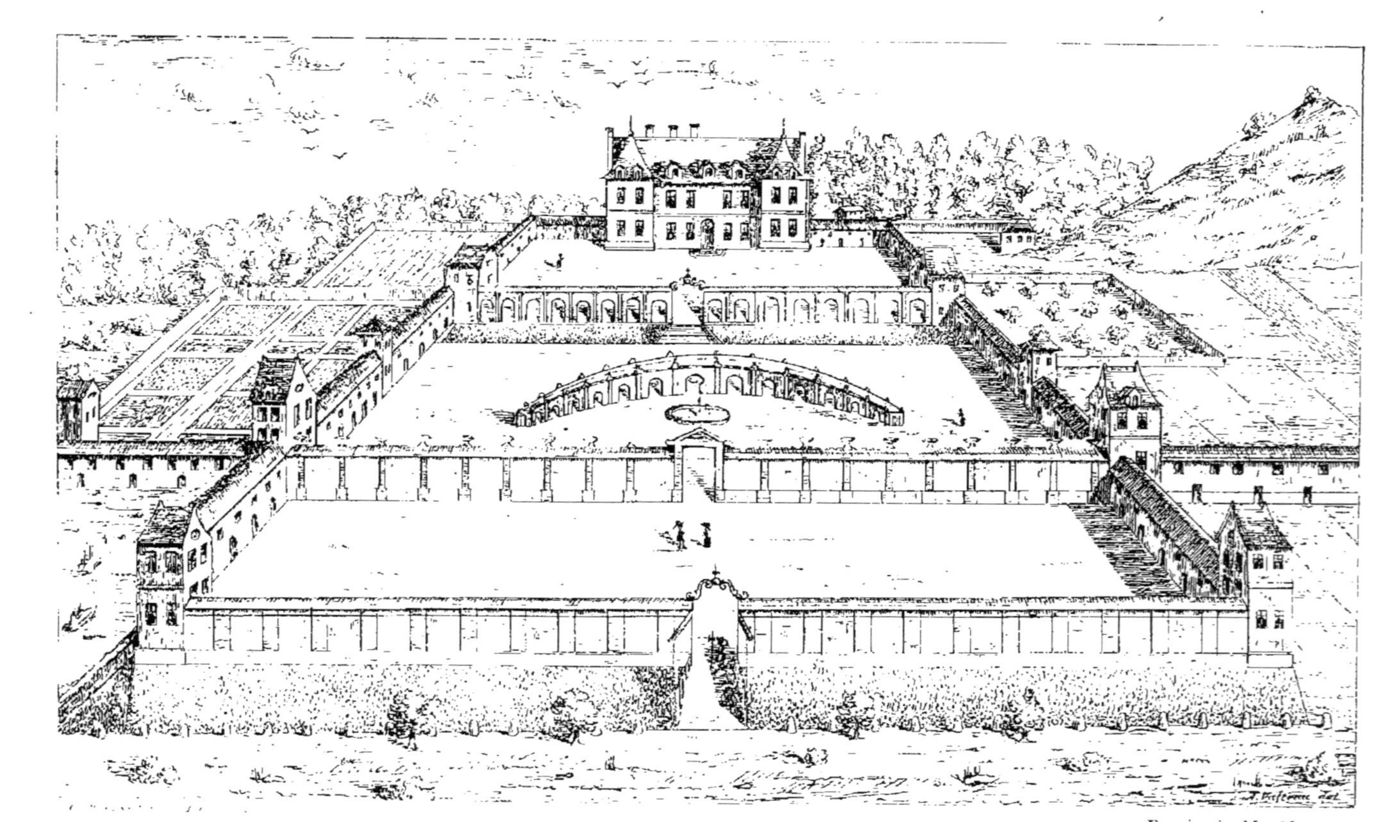

CHATEAU DE NOISY-LE-ROI. Près Versailles (Fin du XVIe siècle).

lant à son retour reconnaître les services qu'il lui avait rendus en cette occasion et en plusieurs autres, l'honora d'une charge de président à mortier au parlement de Paris par lettres patentes données à Compiègne le 18 mai 1554 dont il prêta serment le 29 suivant.

Il était fils de René des Ligneris, chevalier, seigneur d'Azay et d'Auge, échanson de la reine de Navarre, et de Jeanne de Champrond (1), et mourut le 11 août 1556. Il fut enterré solennellement en l'église de Sainte-Croix-du-Val-des-Ecoliers : toute la cour du parlement assista à ses obsèques et témoigna par un regret général combien lui était sensible la perte qu'elle faisait.

Jehanne de Chaligaut, sa veuve, dame de Bailly et autres lieux, mourut en 1558, laissant son fils unique, mineur et âgé de cinq ans seulement, pour seigneur de Bailly, sous la tutelle d'Etienne des Ligneris, son oncle, abbé de Notre-Dame-de-la-Prée, et prieur de Quinquelavaur et aussi sous la tutelle de René des Ligneris, son cousin-germain, chevalier, seigneur dudit lieu des Ligneris, d'Azay et d'Auge, gentilhomme servant du roi.

Théodore des Ligneris fut, dans la suite, seigneur de Bailly, capitaine de cinquante hommes d'armes des ordonnances du roi et chambellan de Charles de Bourbon, comte de Soissons. Il épousa, le 14 février 1577, Françoise de Billy, dame de Cournille, fille de Louis de Billy, chevalier, baron de Cournille, et n'était plus à cette époque seigneur de la terre de Bailly, qu'il avait vendue, pour acheter des terres en Berry, à Albert de Gondy, comte de Retz, en 1571 (2).

(1) Les armes de Champrond sont : d'azur, au griffon d'or ; alias d'or, au griffon d'azur.

(2) Voir la note 3 à l'appendice.

Ce qui se prouve par deux actes en date des 11 et 29 octobre même année passés par-devant Thomas Meslin, clerc substitut commis en l'absence de Guillaume Gaudet, tabellion juré, commis établi à Noisy, dont suit l'intitulé : — « A tous ceux qui ces présentes lettres verront, Pierre Rémon, conseiller en Court-Laye, bailli, juge, et garde du scel du bailliage de Bailly, terre et seigneurie dudit Bailly, au Val-de-Galie pour monseigneur le comte de Retz, seigneur dudit lieu ; salut, savoir faisons, etc., etc. (1). »

Albert de Gondy était aussi seigneur de Noisy, et comme il possédait la faveur entière de la reine Catherine de Médicis et celle du roi Charles IX, il avait sans doute obtenu la terre de Noisy, après la mort de la duchesse de Valentinois (Diane de Poitiers), à qui le roi Henri II l'avait donnée. Il était baron de Marly-le-Chastel et seigneur en partie de Villepreux, en 1574.

Albert de Gondy demeurait, à cette époque, au château de Bailly, qu'il occupa avec toute sa famille, jusqu'en l'année 1585, qu'il alla demeurer à Noisy-en-Cruye, où il avait fait bâtir un château magnifique (2).

Il était fils aîné d'Antoine de Gondy, Florentin, qui vint à Paris, à la recommandation de Jean-Baptiste de Gondy, son neveu, lequel était maître d'hôtel de la reine Catherine de Médicis qui l'avait emmené en France avec elle. Antoine de Gondy devint par la suite maître d'hôtel du roi Henri II, et ayant épousé Marie de Pierrevive, que la reine fit gouvernante des enfants de France, il en eut Albert de Gondy, qui eut beaucoup de part

(1) Les armes de Gondy sont : d'or, à deux masses d'armes à picotons, de sable, passées en sautoir, liées de gueules par le bas. Devise : *Non sine labora.*

(2) Voy. Mém. t. IX, la notice et le plan.

dans la confiance de la reine et devint le favori principal du roi Charles IX, son fils, qui le fit seul premier gentilhomme de sa chambre, puis son grand chambellan. Il accompagna le roi Henri III en Pologne, n'étant alors que duc d'Anjou, lorsqu'il partit prendre possession de ce royaume. Ce prince étant peu de temps après revenu en France prendre possession de la couronne, après la mort du roi, son frère, honora ce seigneur de Bailly du bâton de maréchal de France en 1574, le fit chevalier de ses ordres en 1579, premier gentilhomme de sa chambre et général des galères.

Il érigea, en sa faveur, la baronnie de Retz en duché-pairie au mois de novembre 1581, et le pourvut du gouvernement de Provence. Il tint encore la place du comte de Toulouse, au sacre du roi Henri IV, et mourut à Paris le 21 avril 1602. Il fut enterré en la chapelle de Gondy, derrière le chœur de l'église Notre-Dame de Paris. Le 4 septembre 1565, il avait épousé par contrat passé à Cognac, Claude-Catherine de Clermont, baronne de Retz, dame de Dampierre, veuve de Jean d'Annebaut, baron de Retz, l'une des plus belles femmes de son temps, fille unique et héritière de Claude de Clermont, seigneur de Dampierre, dont il eut quatre fils et sept filles.

Henri de Gondy, fils cadet du maréchal de Retz, seigneur de Bailly et Noisy-en-Cruye, fut premièrement maître de l'oratoire du roi qui le nomma évêque de Paris, en 1598, sur la démission de Pierre de Gondy, son oncle ; il fut ensuite créé cardinal par le pape Paul V, en 1618, et fait commandeur des ordres du roi en 1619.

Jean-François de Gondy, quatrième fils du maréchal de Retz, succéda au cardinal, son frère, comme seigneur de Bailly et Noisy-en-Cruye. Il fut le premier archevêque de Paris, après la mort du cardinal.

Henri de Gondy, né en 1590, fils de Charles de Gondy (l'aîné des fils d'Albert de Gondy, maréchal de Retz), et d'Antoinette d'Orléans-Longueville, succéda, sous la tutelle de son oncle, le cardinal de Gondy, après la mort du maréchal de Retz, en la seigneurie de Bailly et en celles de Noisy, Versailles, la Grange-l'Essart et les Essarts. En 1615, Henri de Gondy, devenu majeur, prenait, dans des actes de la prévôté de Noisy et du bailliage de Bailly, les titres suivants :

« A tous ceulx qui ces présentes lettres verront, Loys Ferrand, prévôt, juge et garde du scel aux contrats de la prévôté, terre et seigneurie de Noisy, Bailly, du bailliage et justice de Bailly au Val-de-Galie (1) pour hault et puissant seigneur, messire Henry de Gondy, duc de Retz et de Beaupréau, pair de France, marquis de Belle-Isle et des îles d'Yères, comte de Chemillé, baron du Plessis-le-Chastel, de Beaumanoir, de Marly-le-Chastel (2) ; seul seigneur haut justicier de Bailly, Noisy, Versailles, la Grange-l'Essart et les Essarts, Salut, etc. »

Il avait épousé, le 15 mai 1610, Jeanne de Scépeaux, duchesse de Beaupréau et comtesse de Chemillé, fille unique et héritière de Guy de Scépeaux V, duc de Beaupréau et comte de Chemillé (3).

En 1619, Henri de Gondy fut fait chevalier des ordres du roi. Il vendit dans le même temps à Henry de Gondy, cardinal et évêque de Paris, et à Jean-François de Gondy,

---

(1) Il est à remarquer qu'ici Bailly est dit au Val-de-Galie et non plus Bailly-en-Cruye, ou autrement dit en la forêt de Marly, qui, alors, n'était pas enclose comme aujourd'hui, et dont les maisons de ce village, aujourd'hui disparues, couvraient une certaine partie de cette forêt.

(2) Aujourd'hui Marly-le-Roi.

(3) Les armes de Scépeaux sont : vairé contre vairé d'argent et de gueules.

maître de la chapelle du roi, ses oncles, les terres et seigneuries de Noisy et de Bailly au Val-de-Galie.

Il mourut le 12 août 1659, à Prinçay, en Bretagne, âgé de 69 ans.

Le cardinal de Retz, évêque de Paris, étant mort à Béziers le 3 août 1622, où il avait suivi le roi qui par ses conseils marchait les armes à la main pour réduire les protestants, Jean-François de Gondy, son frère, fut fait et sacré premier archevêque de Paris, et lui ayant succédé dans tous ses biens, devint seul seigneur des terres et seigneuries de Noisy, Bailly, Versailles et autres lieux.

Il vendit, en 1623, la terre et le château de Bailly avec toutes ses dépendances à Pierre de La Martelière, écuyer, seigneur du Fay, avocat au parlement de Paris, et lui accorda pour lui et ses successeurs, les droits honorifiques en l'église dudit Bailly (1), mais il en retint la seigneurie.

Par contrat du 8 avril 1632, Jean-François de Gondy vendit la terre et seigneurie de Versailles avec le fief de la Grange l'Essart, au roi Louis XIII, qui le fit commandeur de ses ordres, en 1633.

Le 21 mars 1654, il mourut âgé de soixante-dix ans, à Paris, et fut inhumé en son église cathédrale dans la chapelle de Gondy.

Ses héritiers étaient : messire Philippe-Emmanuel de Gondy, comte de Joigny, seigneur de Villepreux, prêtre de l'Oratoire, son frère, et messire Henry de Gondy, duc de Retz, chevalier des ordres du roi, capitaine de cent hommes d'armes de ses ordonnances, son neveu. Par contrat passé devant Le Cat et Le Roux, notaires au Châ-

---

(1) C'étaient notamment les droits de place au banc seigneurial, d'encens et pain bénit.

telet de Paris, le 28 juin 1656, ils vendirent à François Bossuet, secrétaire du Conseil d'Etat du roi, direction et finances, la baronnie de Marly-le-Chastel et les seigneuries de Noisy, Bailly et les Essarts. François Bossuet était aussi seigneur haut justicier de Louveciennes et de Ville-d'Avray, dès 1659 (1).

Ses dépenses excessives dérangèrent entièrement sa grande fortune. Tous ses biens ayant été saisis et décrétés, il se vit obligé de se retirer à Notre-Dame-de-Bon-Repos, où était alors une petite chapelle située au bas du village de Bailly, à côté de laquelle il avait fait bâtir une très petite maison où il demeura quelque temps.

Il fit don de plusieurs héritages à cette chapelle et la dota en 1664 de 90 francs de rente à la charge par le curé de Noisy de dire et célébrer à son intention une messe basse tous les samedis et de distribuer le même jour et en même temps dix sols aux pauvres enfants des paroisses de Noisy et de Bailly. Il se retira ensuite aux Augustins Déchaussés, depuis les Pères de la place des Victoires, à Paris, où il mourut en 1675.

Par sentence de décret et adjudication faite aux requêtes du palais le 20 mai 1676, le roi Louis XIV acquit la terre et baronnie de Marly-le-Chastel, et les seigneuries de Bailly et de Noisy, qu'il réunit au domaine de Versailles.

Pierre de La Martelière, écuyer, sieur du Fay, avocat au parlement de Paris, avait acquis, en 1623, de messire Jean-François de Gondy, le château de Bailly dont il augmenta considérablement le jardin dans la suite, par l'acquisition de plusieurs héritages à la Colinerie, où il fit faire toutes les terrasses du potager et planter des espa-

(1) Les armes de Bossuet sont : d'azur, à trois roues d'or, 2 et 1.

liers. Il avait fait faire, en 1624, le canal qui était vis-à-vis l'église, et fait remplir de terre tout l'espace compris entre ce canal et celui de l'abreuvoir où au siècle dernier était le parterre, au lieu duquel il y avait anciennement un étang. Il était seigneur du fief des Moulineaux, au Val-de-Galie, situé dans la paroisse de Bailly, par le mariage qu'il avait contracté avec Marie Le Grand, dame de Moulineaux, fille d'Alexandre Le Grand, conseiller au parlement de Paris, et de Marie Canaye, dame dudit Moulineaux.

Pierre de La Martelière mourut en 1633. Sa veuve eut pour toutes ses reprises, le château de Bailly, avec toutes ses dépendances, dont elle jouit jusqu'à sa mort, arrivée en 1642, laissant de son mariage : 1° Philippe de La Martelière, conseiller au parlement de Paris ; 2° Marie de La Martelière, femme de messire Aymard Alamant, sieur du Chastelet, et conseiller au grand conseil du roi ; 3° Anne de La Martelière, mariée à messire Roger de Longueval-Crécy, chevalier, seigneur de Reuilly, et 4° Françoise de La Martelière, femme de messire Giles de Carvoisin, chevalier, seigneur d'Achy, lieutenant des gardes du corps de monseigneur le duc d'Orléans, ses enfants et héritiers (1).

Jean Yvonnet, conseiller et secrétaire du roi, trésorier provincial de l'extraordinaire des guerres en Picardie, acquit de la famille de La Martelière par contrat passé devant Bruneau et Muret, notaires au Châtelet de Paris, le 12 janvier 1643, le château et la ferme de Bailly avec les droits honorifiques en l'église de ce lieu, et le fief des Moulineaux. Il mourut peu de temps après, en 1646, lais-

---

(1) Les armes de la Martelière sont : d'or, au chevron d'azur, accompagné de trois feuilles d'oranger de sinople.

sant de Madeleine de Saint-Etienne, son épouse, un fils entre autres de ses enfants, nommé Jean-Jacques Yvonnet, qui fut conseiller au parlement de Rouen, et qui, ayant acquis de ses frères et sœurs les parts qu'ils pouvaient avoir dans le château et la ferme de Bailly, devint seul seigneur desdits château et ferme. Le 19 février 1650, il rendit foi et hommage comme fils aîné et principal héritier de son père, à messire Jean-François de Gondy, pour raison de son fief des Moulineaux, relevant dudit seigneur archevêque de Paris, à cause de sa seigneurie de Bailly (1).

Par contrat passé le 15 décembre 1651, par-devant Bruneau et Bergeron, notaires au Châtelet de Paris, Jean-Jacques Yvonnet vendit le château et la ferme de Bailly et le fief des Moulineaux à Pierre Boulin, conseiller, secrétaire du roi, maison et couronne de France et de ses finances, et trésorier général du marc-d'or des ordres du roi.

Pierre Boulin acquit par la suite plusieurs maisons et héritages à la Colinerie, dont il augmenta considérablement le jardin du château. Il mourut le 20 novembre 1670, âgé de près de 76 ans.

Marie de Louvencourt, sa veuve, fille d'Antoine de Louvencourt, maître d'hôtel du roi et trésorier général de sa maison, et de Marguerite de Flécelles-Brégy, eut pour ses reprises le château et la ferme de Bailly avec le fief des Moulineaux, suivant l'acte du partage des biens de la communauté d'entre elle et le sieur Boulin, son mari, en date du 19 juin 1673 ; et mourut le 9 juillet 1687 dans sa soixante-quinzième année (2).

(1) Les armes d'Yvonnet sont : de pourpre, au lion d'argent armé et lampassé d'or ; à la bande d'azur chargée de trois étoiles d'or brochante.

(2) Les armes de Louvencourt sont : d'or, à trois têtes de loup arrachées, de sable, 2 et 1.

François Boulin, conseiller du roi en la cour des Aides, après la mort de sa mère, se mit en possession du château de Bailly et de toutes ses dépendances que ladite dame, sa mère, lui avait vendus à titre d'usufruit, par acte sous seing privé dès le 26 février 1679, pour le rembourser des sommes qu'elle lui avait données par son contrat de mariage en avancement d'hoirie.

Le fief des Moulineaux échut à Bernardin Boulin, écuyer, son frère aîné, qui le vendit depuis à messire Louis Phélippeaux, comte de Pontchartrain, ministre, secrétaire d'État et contrôleur général des finances, par contrat passé devant Moufle et son confrère, notaires au Châtelet de Paris, le 21 mars 1693 (1).

François Boulin, au moyen de plusieurs acquisitions, augmenta encore le jardin de sa maison, dans lequel il y avait alors une ancienne futaie qui pouvait bien avoir deux cents ans, qu'il fit abattre en 1691, et à la place de laquelle il fit planter de nouvelles allées en ormes et en charmilles. Les ouvriers qui firent ces nouvelles allées trouvèrent un petit pot de grès à deux pieds de profondeur en terre, entre deux grosses souches de chêne, dans lequel il y avait quarante pièces de monnaie d'argent grandes comme des demi-écus, frappées au coin des rois Henri II, Charles IX et Henri III. Le sieur Boulin, pour faire sa cour au roi, les lui porta comme un trésor qui lui appartenait ayant été trouvé dans son parc de Versailles. Sa Majesté en fit choisir quatre des mieux frappées par M. Vaillant, chargé du soin des médailles de son cabinet, et lui rendit le reste. Cette découverte fit

(1) Hélène Boulin, fille de Pierre Boulin et de Marie de Louvencourt, et sœur de François et Bernardin Boulin, vivait en 1666. (Registres de l'état civil de Villepreux, à la date du 16 juin même année.)

appeler l'allée qui fut plantée en cet endroit, l'allée du Trésor. Il y avait apparence que cet argent eût été caché par quelque jardinier de la maison durant les guerres de la Ligue sous le roi Henri III qui fut assassiné à Saint-Cloud, en 1589 ; et que ce jardinier aurait peut-être été tué par les troupes royales qui firent beaucoup de désordre, dans tous les environs de Saint-Cloud, en ce temps-là, sans avoir déclaré l'endroit où il l'avait mis.

François Boulin fit aussi faire la terrasse qui se trouvait en face de la maison, qu'il fit revêtir de murailles et planter de marronniers. Enfin après avoir pris soin d'augmenter et d'embellir son jardin, il fit son testament olographe en date du 20 août 1720, par lequel il donna sa maison de Bailly, toute meublée, et toutes les terres qui en dépendaient à l'Hôtel-Dieu de Paris, et mourut le 19 mars 1722, âgé de soixante-seize ans, ayant laissé de Louise de Faverolles, sa femme : François-Bernard Boulin, conseiller du roi en sa cour des Aides, et François-Robert Boulin, bachelier en théologie, prieur commendataire du prieuré de Saint-Benoît d'Arnicourt, ses seuls héritiers, qui s'accommodèrent avec les directeurs et administrateurs de l'Hôtel-Dieu qui se désistèrent en leur faveur du legs fait par ledit défunt sieur Boulin, leur père, par acte du 17 juin 1722, moyennant une somme de huit mille livres d'argent comptant, qu'ils payèrent audit Hôtel-Dieu.

Par un acte en date du 6 juillet 1723, François-Bernard Boulin acquit de son frère François-Robert la part qu'il pouvait avoir dans le château et la ferme de Bailly, dont il devint seul propriétaire.

Il fit, comme ses prédécesseurs, beaucoup de changements et d'embellissements à son jardin qui passait, de son temps, pour l'un des mieux plantés et des plus agréables qu'il y eût dans les environs, eu égard à son étendue, à sa situation et à l'inégalité de son terrain.

Le roi voulut bien en faveur du sieur Boulin, et en considération des services rendus par son père et son aïeul, ériger sa maison de Bailly en fief, sous le nom de fief de Bailly, par lettres données à Versailles, au mois d'avril 1737.

Madeleine-Suzanne Boulin, née le 7 février 1688, fille de Bernard Boulin et de Madeleine Jousset, fut, par la suite, dame de Bailly, qu'elle apporta en mariage à Etienne Pons, ancien bâtonnier des avocats, dont elle devint veuve. Elle était morte en 1774, car à cette époque, le château de Bailly, son enclos, les terres situées hors l'enclos et toutes les parties de rentes faisant dépendances du château furent vendus et acquis moyennant 49,600 livres, de demoiselle Emme de la Michodière, veuve de messire Zacharie Rochereau, chevalier, seigneur d'Hauteville, en qualité d'héritière pour un tiers quant aux meubles et acquets, et de seule et unique héritière quant aux propres paternels de Madeleine-Suzanne Boulin, par Louis-Marie de Boucheman et Anne-Elisabeth-Henriette Béranger, son épouse (1), dont les petits-fils vendirent à leur tour le château de Bailly, par acte du 30 avril 1825, moyennant 75,000 francs, à François-Xavier Pons, avocat à la Cour royale de Paris, et à M. Antoine-Henri-Philippe-Léon Cartier, vicomte d'Aure. Il a appartenu, en ces derniers temps, à M. Guiton, à la famille Rhôné, enfin à M. Maréchal, qui y est mort le 11 octobre 1884. Le château est aujourd'hui la propriété de madame Maréchal, sa veuve, et de ses enfants.

(1) Voir la note 5 à l'appendice.

ANCIENS FIEFS DES MOULINEAUX

ET

DE PONTAILLER OU PONTALY

Le domaine ou ancien fief des Moulineaux était situé dans la plaine de Gallie, à une certaine distance de Bailly.

C'était, au XVIIIe siècle, une maison de plaisance fort habitable avec un parc assez vaste.

Il y a une certaine confusion entre le domaine des Moulineaux et celui de Pontailler, qui étaient contigus et avaient chacun leurs possesseurs.

Nous croyons que ces fiefs étaient séparés par le ru de Gallie. La partie située en deçà dépendait de Bailly, tandis que l'autre partie située au delà formait un hameau dépendant de Fontenay-le-Fleuri.

Comme nous l'avons vu précédemment, le fief des Moulineaux appartenait aux seigneurs de Bailly qui parfois le donnaient sous certaines redevances à d'autres seigneurs qui devenaient ainsi leurs vassaux.

Ce n'est qu'au milieu du quinzième siècle que ce fief fut inféodé à des seigneurs particuliers, car avant cette époque, il était resté dans le domaine des seigneurs de Bailly-Haut ; tandis que l'autre partie appelée depuis Pontailler et au dernier siècle Pontaly faisait sans doute partie de la seigneurie de Bailly-Bas.

Enfin, lorsque la seigneurie de Bailly fut réunie entre les mains d'un seul possesseur, il arriva que ce fief des Moulineaux resta divisé et aux mains de deux possesseurs souvent désignés tous deux comme seigneurs des Moulineaux, à la fois, tandis que l'un possédait effectivement ce fief et l'autre le fief de Pontalier en dépendant.

Par suite de ce que nous venons d'avancer, l'on voit qu'il est assez difficile de faire la part de chacun de ces seigneurs et de mettre l'ordre nécessaire dans une pareille confusion. Nous espérons pourtant y réussir.

Le 13 juillet 1459, par acte passé devant Huet et Moustier, notaires au Châtelet de Paris, Robert de Montmirail, conseiller du roi, clerc ordinaire en sa chambre des comptes, fit hommage à Simon de La Villeneufve, à cause de son fief des Moulins, appelé depuis Moulineaux, relevant dudit Simon, à cause de sa seigneurie de Bailly-en-Haut.

En 1481, Guillaume de Rouville est dit seigneur des Moulineaux et de Villiers-Cul-de-Sac, en la châtellenie de Neaufle..... Ne serait-ce pas plutôt de la partie des Moulineaux appelée Pontailler que de ce fief proprement dit et qui appartenait alors à la famille de Montmirail qu'il s'agirait ici? D'autant plus que nous voyons, le 16 juillet 1485, damoiselle Denyse de Harlay, veuve de Robert de Montmirail, et Louis de Montmirail, son fils, conseiller, clerc ordinaire du roi en sa chambre des comptes, renouveler cet hommage à cause de leurs fiefs des Moulineaux (1).

La fin de cet acte d'hommage démontrerait assez que les Moulineaux étaient divisés d'abord et que la famille de Montmirail avait réuni entièrement ce fief, qui plus tard fut divisé de nouveau.

En 1490, Jehan de Saint-Benoist reçut la foi et hom-

______

(1) Les armes de Rouville sont : d'azur semé de billettes d'or, à deux goujons adossés en pal et brochants du même.

mage dudit Louis de Montmirail pour raison de son fief
des Moulins, dit depuis des Moulineaux, relevant de lui
à cause de sa seigneurie de Bailly-en-Haut ; et le 4 mai
1503, le même seigneur de Bailly reçut dudit seigneur
des Moulineaux l'aveu et le dénombrement de ce fief,
par acte passé devant les sieurs Contesse, notaires au
Châtelet de Paris (1).

Par acte passé par-devant Guillaume Payen l'aîné et
Jehan Trouvé, notaires au Châtelet de Paris, le 16 février 1560, Etienne des Ligneris et René des Ligneris,
stipulants pour et au nom de Théodore des Ligneris, en
qualité de ses tuteurs et curateurs, firent acquisition des
fiefs, justice moyenne et basse, cens et rentes des Moulineaux, assis en la paroisse de Bailly au Val-de-Gallie,
de noble homme, Charles des Marquez, écuyer, seigneur
de Heslay, Breuil, Barguettes, Bilduit et dudit fief des
Moulineaux, qui fut ainsi réuni à la seigneurie de
Bailly.

Après avoir passé successivement aux familles de la
Martellière, Yvonnet et Boulin, nous avons vu que le
comte de Pontchartrain, messire Louis Phélypeaux, acheta
le fief des Moulineaux le 21 mars 1693 (2).

L'autre partie de ce fief appelé aussi parfois des Moulineaux, mais à laquelle nous restituerons sa dénomina-
tion de Pontailler, appartenait au XVIᵉ siècle à Claude
Charpentier, dont la fille, Louise Charpentier, épousa
Antoine de La Grange, chevalier, comte d'Arquien, et
fut dame des Moulineaux.

Aymé Solu, écuyer, conseiller et secrétaire du roi, et

(1) Les armes de Montmirail sont : burelé d'argent et de sable
de dix pièces, au lion de gueules, brochant sur le tout.

(2) Suite chronologique et historique des seigneurs de Noisy et
Bailly par Boulin. Mss. du XVIIIᵉ siècle.

Anne-Marguerite Le Tonnelier, son épouse, acquirent des précédents le fief de Pontailler ou des Moulineaux qu'ils possédaient en 1665.

Le père de Claude Charpentier, aussi seigneur des Moulineaux, avait fait, en faveur de la fabrique de l'église de Bailly, quelques fondations pieuses à acquitter par lui et ses successeurs, et qui, par suite des arrérages, s'élevèrent en 1688 à la somme de 473 livres.

Aymé Solu, écuyer, conseiller et secrétaire du roi, marié à dame Marguerite Houelle de Morainville, et Charles Solu, écuyer, lieutenant aux gardes, héritiers d'Aymé Solu, leur père, et seigneurs de Pontaly, virent saisir ce fief des Moulineaux, en 1685, d'Oger de Marcillac, escuier, sieur de La Boullaye, pour cause de diverses dettes et des arrérages dus à la fabrique de l'église de Bailly.

Le mercredi 29 mai 1686, à la requête du procureur général de la Cour des Monnaies et à la poursuite et diligence de Robert Pain, commis pour le roi et subrogé au lieu d'Oger de Marcillac, à la criée, vente et adjudication par décret, il fut procédé à l'adjudication à la barre de ladite cour, des maisons, bastiments, basse-cour et moulin appelés Pontailler.

Ce domaine, mis à l'enchère sur la somme de dix mille livres une fois payées, consistait alors en une maison où l'on entrait par une porte cochère, et des arbres ou marronniers à côté de ladite porte en dedans de la cour de ladite maison. Le bas de cette maison était distribué en cuisines, dépenses, garde-manger et salles. Il y avait trois étages, les deux premiers renfermant plusieurs chambres avec antichambres devant et derrière, chapelle et autres pièces, et le troisième étage renfermant les greniers, le tout couvert d'ardoises.

Jardin derrière ladite maison, composé de parterres, allées de promenades plantées en bois, espalier fruitier et divers jets d'eau, viviers, grottes, carrés de prés. La ferme attenant à ladite maison, un mur entre deux qui traversait par une porte l'un dans l'autre, laquelle était bâtie en une grande cour et renfermait : salle, cuisine, chambres, volière à pigeons, étables, granges, bergeries, écuries, un moulin à eau, tournant et travaillant, et proche ladite ferme, avec un petit bâtiment dépendant dudit moulin, renfermant une salle, un grenier et une étable, laquelle ferme et moulin étaient dépendants de ladite maison de Pontaillier et tenait le tout par devant au chemin de Bailly à Fontenay, et regardant un clos de vignes appartenant audit sieur Solu, d'un côté et d'un bout au sieur Boulin, et par derrière audit sieur Soulu (*sic*).

Item : Sept arpents ou environ de vignes enclos de murs, vis-à-vis ladite maison avec un parapet pour y monter, etc. (1).

Item : Cinq arpents ou environ de prés enclos de murs attenants à la susdite maison, le chemin de Bailly entre deux, etc.

Item : Huit arpents ou environ de terre, plantés en arbres pommiers au derrière de ladite maison, tenant les murs du clos de cette maison, etc.

Item : Trois arpents de terre ensemencée en blé, audit lieu des Moulineaux, tenant au chemin allant de Paris à Villepreux, d'autre au chemin desdits Moulineaux, d'un bout au ru de Lorme, etc.

Item : Quatre arpents ou environ, tant en saulsayes que

---

(1) L'on chercherait vainement aujourd'hui la trace de ces vignes, dont la culture est en général abandonnée en ce lieu et dans une grande partie de la plaine du Val-de-Gallie.

prés au-devant de ladite maison et ferme et à côté d'elle, vis-à-vis le vivier tenant d'un côté et tout le long sur le chemin de Fontenay, d'autre au ru de Gallye et d'autres à des friches appartenant au sieur Solu, etc.

Soit un total de vingt-sept arpents de terres, au moins.

A la charge par l'adjudicataire d'acquitter les cens, rentes, droits, devoirs seigneuriaux et féodaux si aucuns sont dus et tels qu'ils sont dus, et encore des frais ordinaires de criées.

Et aussi à la charge de l'adjudicataire de garantir dame Marie de Louvencourt, veufve de feu messire Pierre Boulin, en son vivant conseiller du roi, et trésorier du Marc d'Or, tant en son nom que comme ayant accepté la communauté d'entre ledit défunt et elle, de la rente de cinq livres faisant la moitié de dix livres de rentes foncières dues par chacun an au jour de Saint-Martin d'hyver, à la seigneurie de Noisy, solidairement par les héritages possédés par ladite dame Boulin, et ladite ferme des Moulineaux.

Lequel adjudicataire sera pareillement garanti par ladite dame Boulin et autres qui seront possesseurs desdits héritages qu'elle possède, de l'autre moitié de ladite rente solidaire de dix livres, le tout suivant l'arrêt de ladite cour des Monnaies en date du 1er avril 1686 (1).

Il est à croire que le fief des Moulineaux fut adjugé aux héritiers Solu, puisqu'en 1688, ce fief fut de nouveau saisi sur eux pour payer l'arrérage de 473 livres dûs à la fabrique de l'église de Bailly, et diverses autres dettes dont nous avons déjà parlé (2).

(1) Registres des actes de l'état civil de Bailly. — Titres de la fabrique de Saint-Sulpice, de Bailly. — Pièce imprimée.

(2) Aimé Solu avait épousé Françoise de Geniers, dont il devint veuf, et en eut deux fils, Aimé et Charles Solu, ses héritiers.

Il fut vendu et adjugé le 9 février de cette même année, moyennant 49,459 livres au procureur général du roi.

Le moulin de Pontaly, saisi comme les Moulineaux en 1688, devait au roi six setiers de blé à la Saint-Martin d'hiver à cause de la seigneurie de Noisy, qu'il avait acquise. Il ne pouvait être vendu qu'à la charge par l'acquéreur de payer ladite rente au roi.

Les Moulineaux étaient séparés en deux par le ru de Gallye ou de l'Orme ; la partie du côté de Bailly était celle où le château était situé et faisait, comme nous l'avons dit, partie du village de Bailly ; l'autre côté du ru, où se trouvaient quelques dépendances, était situé sur le territoire de Fontenay (1).

Le roi, s'étant rendu adjudicataire des Moulineaux, donna ce fief à Charles-François Félix, son premier chirurgien, pour sa vie durant. Ce seigneur des Moulineaux étant décédé le 27 mai 1703, au hameau des Moulineaux, son corps fut ensuite transporté en l'église de Saint-Germain-en-Laye (2).

On lit dans le Journal de Dangeau, à la date du 29 juin 1703 : « Le roi a donné à madame la comtesse de Gramont, pour sa vie, les Moulineaux, qui est une fort jolie maison dans le grand parc de Versailles. »

Le 17 septembre de la même année, madame la duchesse de Bourgogne alla se promener à Pontaly ; la

(1) Dans les registres de l'état civil de Bailly, les Moulineaux sont dits hameau de Fontenay-le-Fleuri, puis de Bailly, notamment en 1698.

(2) Registres des actes de l'état civil de la paroisse de Bailly. En 1690, M. Charles-Louis Félix, fils de M. Félix, conseiller du roi et son premier chirurgien, demeurant à Moulineaux, paraît comme parrain dans un acte de baptême.

comtesse de Gramont qui ne l'y attendait point ne laissa pas que de lui donner une bonne collation (1).

En 1710, le maréchal d'Harcourt était en possession de Pontaly ; le marquis de Dangeau écrit à la date du 18 septembre même année : le roi dîna de bonne heure et alla se promener à Marly. A son retour à Versailles, M. le maréchal d'Harcourt prit congé de lui : il avait été le matin enfermé avec le roi dans son cabinet. Il retourna coucher à Pontaly, qui est une petite maison dans le parc de Versailles que le roi lui donna il y a quelques années ; il en partira après demain samedi pour la Flandre.

Le 5 mai 1713 : le maréchal d'Harcourt, en se promenant hier dans son jardin de Pontaly, se trouva assez incommodé, il a mal passé la nuit, et les médecins trouvent que son mal ressemble fort aux attaques d'apoplexie qu'il a déjà eues. La maréchale qui était en Normandie est venue pour lui tenir compagnie et avoir soin de lui. Les médecins se plaignent de ce qu'elle l'a empêché d'être saigné du pied ce soir, etc., etc.

Sept jours après (12 mai) le maréchal d'Harcourt s'est fait porter à Paris, mais il a la tête si faible qu'il a fallu l'arrêter plusieurs fois en chemin.

Le 19 octobre 1718, M. le maréchal d'Harcourt mourut le soir, après une longue agonie. Sa famille, quoique bien établie, perd à sa mort plus de vingt mille écus de rentes, car il avait comme maréchal de France treize mille francs, comme gouverneur de Tournay, dix-huit mille francs ou comme l'ayant été ; vingt mille francs du

____

(1) En 1704, le comte de Gramont est dit demeurer à Moulineaux dit Pontaly, qu'il posséda peu de temps. (Registres des actes de l'état civil de Bailly.)

conseil de Régence, mille écus de l'ordre du Roi, et deux ou trois mille écus de pension (1).

Monseigneur le duc d'Harcourt était de plus seigneur des Moulineaux qui formaient alors un hameau (2).

Le fief de Pontaly fut ensuite possédé par M. Bignon, intendant de la généralité de Paris, qui y résidait en 1718 avec le comte de Relingue (3).

En 1726, madame Bignon est dite résidant à Pontaly, hameau des Moulineaux, ce qui pourrait faire croire que, devenue veuve, elle avait gardé malgré cela ce domaine.

Le fief des Moulineaux et de Pontaly fut ensuite enclavé dans le grand parc de Versailles et érigé en ferme royale, dont Jacques-Pierre Deschamps était fermier en 1752. La famille Deschamps, dont le nom semblait par cela même la prédestiner à la culture, fournissait à cette époque, puis ultérieurement, des fermiers à presque toutes les fermes royales du grand parc de Versailles ou des environs, notamment à Louveciennes, à Prunay, à Bêchevet, à la Celle-Saint-Cloud et autres lieux (4).

(1) M. d'Harcourt, après plusieurs apoplexies qui l'avaient réduit à un état fort triste, en eut une, près de deux ans avant sa mort, qui lui ôta entièrement l'usage de la parole et le réduisit à marquer avec un bâton les lettres de l'alphabet placé devant lui, et à toutes les impatiences et les désespoirs inimaginables, ne voulant plus voir que sa plus étroite famille et deux ou trois amis intimes. Quel état ! sans être vieux, avec beaucoup d'esprit, d'art et d'ambition, un goût et un agrément infini pour la société, une fortune complète, et toute la tête suffisante pour le sentir (Journal du marquis de Dangeau aux dates citées).

(2) Registres des actes de l'état civil de Bailly,
Les armes d'Harcourt sont : de gueules, à deux fasces d'or, à l'écusson d'azur, en cœur, chargé d'une fleur de lis d'or, brochant.

(3) Registres de l'état civil de Bailly. Les armes de Bignon sont : d'azur, à la croix haute, alésée d'argent, enroulée d'un cep de vigne au naturel, et cantonnée de quatre flammes d'or.

(4) Registres de l'état civil de Louveciennes et de Bailly.

Après avoir appartenu au comte d'Osmont, dans ces derniers temps les Moulineaux ou Pontaly appartenaient à la famille Lefèvre (1).

La tradition rapporte qu'il y avait à Pontaly des souterrains jusqu'au nombre de seize ou dix-sept, dont plusieurs allaient jusqu'à Gallie. Il est probable que ces souterrains devaient servir surtout pour l'écoulement des eaux du parc, ou y amener les eaux de l'ancien étang de Gallie (2).

FIEF DE VAULUCEAU.

Cet ancien fief est connu dans les chartes sous le nom de Val-Oursel, d'où par corruption sera venu Valourseau, puis Vauluceau, Voluceau, Volussau et Vaulusseau.

Un nommé Oursel tenait probablement en fief cette partie du Val-de-Galie, et lui aura par la suite donné son nom ; hâtons-nous de dire que cette etymologie assez vraisemblable peut au gré des étymologistes être controuvée et que le champ des suppositions est assez vaste pour que nous n'ayons pas la prétention de le parcourir seul.

Ce n'est guère qu'au milieu du treizième siècle que l'on trouve le nom obscur de ce fief. Nous voyons en 1249 Milon de Neaufle, chevalier, en présence de l'official de l'évêque de Paris, faire un échange d'un demi-arpent de vigne à l'Etang-la-Ville, avec les religieux de Notre-Dame de la Roche, pour deux pièces de vignes sises à la Cropte de Marly en la censive des héritiers de Val-Ourselle (Valle

(1) Tradition locale.
(2) Tradition locale.

Orselli) qui furent autrefois à noble femme Isabelle de l'Artoire (de la Rotoire, de Rutoria) (1).

En l'an 1400, le jeudi 13 janvier, Jean de Louveciennes fait aveu à l'abbaye de Saint-Denis pour un fief qui fut à Agnès de Louveciennes, consistant en cinq arpents de terre à Valoursel, six quartiers et dix perches à Monthion (?) trois arpents de terre en friche, près les bois de Valoursel, tenant d'une part au chemin de Paris, etc. (2)

De ce qui précède, l'on pourrait croire que le fief de Vauluceau n'a pas toujours fait partie de la seigneurie de Bailly, mais qu'à des époques fort reculées il aurait fait partie plutôt des seigneuries de Louveciennes et de Rocquencourt dans un temps où les délimitations de territoire étaient encore assez confuses et où les agglomérations étaient plutôt féodales que communales.

Ce que semblerait prouver ce qui va suivre en faveur de Rocquencourt.

Jean III de Thumery, d'une famille fort puissante au Val-de-Galie et des plus riches terriens de ce Val, écuyer, seigneur de Rocquencourt et de Vauluceau, procureur au parlement de Paris, acquit par contrat du 9 avril 1529 le fief de Menildon, à Villepreux, de Martin de la Villeneufve, et fut maintenu dans sa noblesse par arrêt de la cour des Aides de Paris, le 3 juillet 1542. Il avait épousé : 1° le 17 février 1514, Marguerite Josse, fille de Jean Josse, avocat au parlement de Paris et de Marguerite Cyrot (3); 2° le 1ᵉʳ mai 1552, Perenelle Suhart (4), et fit son testa-

---

(1) Aug. Moutié, *Cartul. de N.-D. de la Roche*, p. 64.

(2) Arch. de S.-et-O. *Invent. des Chartes de l'abbaye de St-Denis.*

(3) Les armes de Josse sont : d'azur, à trois couronnes de chêne d'or, 2 et 1.

(4) Les armes de Suhart sont : d'or, à la croix fleuronnée de gueules.

ment le 12 novembre 1557, laissant du premier lit :
1° Germain de Thumery, écuyer, seigneur de Rocquencourt et de Voluceau (*sic*), capitaine de trois cents hommes
de pied, marié à Françoise d'Harzillemont, fille de Michel, seigneur d'Harzillemont, et de Jeanne-Guillaume (1),
lesquels vendirent la terre de Rocquencourt. De ce mariage vinrent Lancelot, seigneur de Loupeignes et de
Châtignonville, près de Chartres, et Marguerite, nommée
avec Lancelot, son frère, dans un contrat du 18 mars 1586 ;
2° Jacques de Thumery, chevalier de Saint-Jean de Jérusalem ; 3° Richard, seigneur de Voluceau, qui suit ;
4° Nicolas de Thumery ; 5° Marie de Thumery, mariée à
Christophe Hamelin, avocat au Châtelet de Paris (2). Du
second lit vinrent : 6° Robert de Thumery, seigneur de
Châtignonville, en partie, né en 1534, marié : 1° avec Marguerite de Saint-Pol, fille du seigneur de Vacheresses-
en-Beauce (3) ; 2° avec Marie de Vauvissant, fille de Bertin
de Vauvissant, seigneur de Jolivet, en Beauce, et de
Briançon, et de Catherine d'Epinay (4). Robert mourut
l'an 1613, laissant du premier lit : *A* Jeanne de Thumery, mariée à Jacques Le Barbier, seigneur de Villeran-
au-Bois, mort en 1646, et sa veuve en 1648 (5) ; du second lit : *B* Marguerite de Thumery, femme de Daniel
de Paris, écuyer, seigneur des Touches et de Marcou-

---

(1) Les armes d'Harzillemont sont : de gueules, à trois pals de
vair, au chef d'or chargé de 3 merlettes de sable, en fasce.

(2) Les armes de Hamelin sont : d'azur, au lion d'or couronné
du même.

(3) Les armes de Saint-Pol sont : d'argent, au sautoir engrêlé
de sable.

(4) Les armes de Vauvissant sont : d'argent à la croix ancrée
de gueules, cantonnée de quatre mâcles du même.

(5) Les armes de Le Barbier sont : d'argent, à trois mains dex-
tres apaumées de sable, 2 et 1 (Saint-Allais).

ville, morte le 19 janvier 1670 (1); *C* Suzanne de Thumery, mariée à Louis du Castel, seigneur de Tronçay et de Bois-Gérard au Perche; *D* Catherine de Thumery, mariée à Jacques Hue, seigneur d'Herleville, près d'Epernon, morte en 1646 (2); 7° Enguerrand de Thumery, seigneur de Boisrond, né en 1556, marié avec Marie du Pillard, et mort sans laisser de postérité (3).

Richard de Thumery, écuyer, seigneur de Voluceau, homme d'armes de la compagnie de monsieur de Nevers, épousa en 1552 Marie d'Harzillemont, sa belle-sœur, dame de Loupeignes, en partie, dont il eut : Moïse de Thumery, seigneur de Voluceau, de Branges, et de Loupeignes, en partie, marié le 13 octobre 1592, à Claude de La Baume de Castres, fille de Joachim de La Baume, seigneur d'Estre et de Petignicourt, et de Madeleine de Castres, dame de Machery, en Brie (4); il mourut en 1617, laissant trois filles : 1° Marie, née en 1596, mariée le 12 août 1615 à Jean Morin, chevalier, seigneur de Reuilly et de Paroy, mort en 1652, et sa veuve en 1662 (5); 2° Françoise, religieuse bénédictine à Meulan; 3° Guillemette, née en 1603, mariée à François de Salmatoris, seigneur de la Ruffie et de Cergy, chevalier de l'ordre du roi, morte en 1651, et son mari en 1668 (6).

(1) Les armes de Daniel de Paris sont : d'hermines.

(2) Les armes de Hue de Herleville sont : de gueules, à l'aigle, au vol abaissé d'or.

(3) Les armes de Du Pillard sont : d'argent, à trois trèfles de sinople, posés 2 et 1; au chef d'or, chargé d'une merlette de sable.

(4) Les armes de La Baume sont : d'or, à la bande vivrée d'azur, chargée d'un écusson de sable à trois merlettes d'or, surchargé d'un écu d'argent chevronné de gueules.

(5) Les armes de Morin sont : d'azur, à la fasce d'or, chargée de trois têtes de maure de sable tortillées d'argent.

(6) Les armes de Salmatoris sont : de gueules, au lion d'argent.

Après Moïse de Thumery, la seigneurie de Voluceau, divisée déjà de son temps, passa à la famille Sanguin entièrement (1).

Claude Sanguin, seigneur de Santeny, en Brie, élu échevin de la ville de Paris le 16 août 1523, puis ensuite bailli du Louvre, eut pour fils Jean Sanguin, seigneur de Rocquencourt, de Voluceau et de Santeny-en-Brie, notaire, puis secrétaire du Roi, maison et couronne de France et de ses finances, reçu le 7 mars 1558, élu échevin de Paris le 16 août 1564.

Jean Sanguin possédait donc en partie seulement le fief de Voluceau, que possédait aussi en même temps, et aussi en partie, la famille de Thumery.

Il avait épousé Marie de Beaugy (2) dont il eut : 1° Philippe, qui suit ; 2° Jean Sanguin, seigneur de Rocquencourt, par indivis, trésorier de France, en Bourgogne ; 3° Jacques Sanguin, seigneur du Pont et de Végron, lequel forma une branche établie en Bretagne ; 4° Nicolas Sanguin, seigneur de Pierrelaye, gentilhomme ordinaire du prince de Condé, commissaire ordinaire des guerres et intendant de l'Amirauté.

Philippe Sanguin, seigneur de Voluceau et de Rocquencourt, en partie, fut conseiller au Châtelet de Paris, puis en la Cour des Aides. Il épousa le 9 mars 1595 Marie Maillard, fille de noble homme Geoffroy Maillard,

---

(1) Les armes de Thumery sont : d'azur, à la croix engrêlée et écartelée d'or et d'argent, cantonnée de quatre boutons de roses fleuris, tigés et feuillés au naturel. Cimier et tenants : trois pucelles de carnation.

(2) Les armes de Beaugy sont : d'azur, à trois trônes d'or, 2 et 1, accompagnés en chef d'une molette d'éperon du même (Saint-Allais).

bourgeois de Paris, et de Marguerite Guérin (1). De ce mariage vinrent : 1° Philippe Sanguin, seigneur de Rocquencourt, écuyer, reçu conseiller en la Cour des Aides le 22 novembre 1631, époux de Marie Ferrand, fille d'Antoine Ferrand, seigneur de Villemilan, lieutenant particulier de la prévôté et vicomté de Paris, et de Marguerite Marot (2) dont il n'eut pas d'enfants ; 2° Jean, qui suit ; 3° Charles Sanguin, écuyer, seigneur de Vauluceau, capitaine au régiment de Normandie, puis lieutenant de la compagnie, mestre de camp du même régiment ; 4° Claude Sanguin, religieux bénédictin ; 5° Marie Sanguin, femme de Jacques Le Prévost, seigneur d'Herblay, maître des requêtes et commissaire en la généralité de Lyon.

Jean Sanguin, écuyer, maître d'hôtel ordinaire du roi, fut seigneur de Vauluceau et de Rocquencourt. Il épousa Marguerite de Cossé, laquelle était veuve de lui le 24 mai 1672 (3). De ce mariage naquit Jean-Philippe Sanguin, écuyer, seigneur de Rocquencourt et de Vauluceau, marié le 19 août 1669 à Jeanne-Baptiste Bezard, fille de Jean Bezard, conseiller du Roi et son secrétaire, et de Jeanne Le Fêvre. Ils donnèrent en 1672 une cloche à l'église de Rocquencourt, laquelle portait leurs noms, et est aujourd'hui en l'église du Chesnay. Ce seigneur de Rocquencourt mourut à Paris le 25 novembre 1712 et

---

(1) Les armes de Maillard sont : d'azur, au sautoir d'or, accompagné en chef et en flancs de trois maillets du même et en pointe d'un lion d'argent, armé et lampassé de gueules (Saint-Allais).

(2) Les armes de Ferrand sont : d'azur, à 3 épées d'argent, les gardes d'or posées en pal, celle du milieu la pointe haute ; à la fasce d'or brochante sur le tout. Armorial général de d'Hozier. Mss. de la Bibl. nat., 1697.

(3) Les armes de Cossé sont : de sable à trois feuilles de scies d'or, posées en fasce et dentelées par le bas.

fut enterré près de sa femme dans le caveau des Sanguin en l'église de Saint-Etienne-du-Mont, à Paris,
quoique la famille ait eu dans l'église de Rocquencourt
sa sépulture seigneuriale. Il avait eu de son mariage
Jean-Philippe Sanguin, seigneur de Vauluceau et de
Rocquencourt, qui épousa : 1° le 16 novembre 1705,
Marie Goujon, fille de François Goujon, procureur au
Parlement de Paris, et de Marguerite Pasquier; 2° le
15 mars 1711, Madeleine de La Barre, fille de Jean de
La Barre, intendant de monseigneur le duc d'Orléans, et
d'Anne Le Noir.

Du premier lit vint une fille, Jeanne-Félicité Sanguin,
née le 23 novembre 1706.

Du second lit vinrent huit enfants : 1° Charles-Esprit-
Philippe Sanguin, écuyer, né le 1er mai 1714; 2° Au-
guste-Nicolas Sanguin, mort jeune; 3° Arsène-Nicolas-
Marie Sanguin, mort jeune ; 4° Madeleine-Angélique-
Victoire Sanguin, née le 4 février 1712; 5° Marguerite-
Antoinette-Eugénie Sanguin, née le 19 mai 1713;
6° Françoise-Mélanie Sanguin, ces deux dernières reçues
à Saint-Cyr, l'une le 3 juillet 1722, l'autre le 6 octobre 1725; 7° Charlotte-Geneviève-Thérèse Sanguin,
née le 5 juin 1719, et 8° Marie-Anne-Adélaïde Sanguin,
née le 28 septembre 1721 (1).

Le fief de Volusseau était une ferme dès l'an 1679, en-
clavée dans le grand parc de Versailles, et qui appartenait au roi. Les derniers seigneurs de Volusseau, qui lui
avaient sans doute vendu cette seigneurie, en avaient
cependant conservé le titre honorifique.

En 1698, René Liénard de La Roche est qualifié garde

---

(1) Les armes de Sanguin sont : d'azur, à la bande d'or, accompagnée en chef de trois glands, et en pointe de deux serres de griffon du même, posés en orle.

du roi dans le parc de Volusseau, et messire Geoffroy de La Roche est dit commandant du parc de Versailles.

Parmi les fermiers de Volusseau, s'intitulant fermiers du roi, nous pouvons citer dès le commencement du dix-huitième siècle : Claude Fossard, fermier du roi à Volusseau, premier mari de Catherine Jardin dont il eut Jean Fossard, mort âgé de dix-neuf ans le 13 janvier 1713, et inhumé en l'église de Bailly. Après avoir convolé en deuxièmes noces avec Jean-le-Bigre (d'une famille fort connue au Val-de-Gallie et à Villepreux, où elle avait des charges seigneuriales), la fermière de Volusseau était, à l'époque du décès de son fils, remariée en troisièmes noces à Jean Moreau. L'année suivante (1714) François Robine (d'une famille établie aussi au Val-de-Gallie, depuis longues années), était fermier de Volusseau. En 1730, Jacques Robine lui avait succédé, et en 1768, c'était Joseph Auger qui, à son tour, prenait le titre de fermier du roi, à Volusseau, titre que la Révolution mit à néant comme tant d'autres.

De nos jours la ferme de Vauluceau fait encore partie du domaine de l'Etat, c'est l'une des plus considerables des environs de Versailles, avec celle de Gallie. Elle contient environ 315 à 320 arpents. Le 18 août 1850, vers quatre heures du matin, un violent incendie se déclarait dans les bâtiments de la ferme, et malgré les secours des pompiers et des habitants de Versailles et des environs, le feu dura trois jours. Monsieur Guignard était alors et est encore aujourd'hui fermier de Vauluceau. Depuis ces bâtiments ont été rebâtis, et leurs proportions et leur ensemble sont fort remarquables.

FIEFS ET ARRIÈRE-FIEFS DE BAILLY

AU XVᵉ SIÈCLE

Dans un bail à cens, fait le 10 novembre 1475 par les seigneurs du fief de Musceloë (Muceloue ou Mussclonne), l'on voit qu'ils étaient alors : Maître Pierre de Valangelier, chauffe-cire de la chancellerie de France, mari de Jacqueline de Laporte ; Simon de Valangelier, avocat au parlement de Paris, et Denis de Valangelier, ses frères, tous trois fils de Jehan de Valangelier, notaire et secrétaire du roi, et de Jehanne de Laporte. Ces biens donnés à bail se composaient d'une maison avec cour et jardin. Les terres dépendant de ce fief étaient très morcelées, mais toutes voisines les unes des autres. Elles bordaient le prieuré de Trianon, le grand chemin du Roi, le chemin qui conduisait du village de Trianon à Choisy-aux-Bœufs, et les prés du prieur de Trianon.

Il y avait aussi onze arpents de terre que l'on appelait le ponceau de Soisy (Choisy).

Ce fief était donc situé sur les environs de l'angle formé par le bras occidental du canal et son bras septentrional, où l'on voit aujourd'hui le bois du Plat-Fond, et sur le ruisseau de Galie qui traverse ce bois, aurait été alors un ponceau qui aurait fait donner à ce lieu le nom de Poncel-de-Choisy. Dans cet acte l'on voit qu'il y avait des prés et des terres de Musceloë, redevables de cens envers l'abbé de Sainte-Geneviève de Paris ou envers le prieuré de Notre-Dame de Trianon.

En 1558, le fief de Musseloüe et ses autres appartenances se composait de quatre-vingt-deux arpents, plus sept arpents attenant audit fief.

En 1572, Albert de Gondy, seigneur de Bailly au Va.-de-Galie et de Versailles, était seigneur suzerain de ce fief.

Pierre de Gondy en donna l'ensaisinement ladite année au nom d'Albert de Gondy, pour Nicolas Dubreuil, capitaine de charroi de la fourrière du roi.

Ce fief était dans la mouvance de Bailly-en-Cruye, hormis sept arpents vendus par Roussel de Choisy (aux Bœufs), qui étaient dans la censive des religieux de Sainte-Geneviève, et il était chargé des droits et devoirs seigneuriaux.

A la fin du XVIᵉ siècle, un arrière-fief à Trianon ressortissait de la seigneurie de Bailly avec le fief de Musceloë, sis auprès de Trianon (1).

Ces fiefs sont depuis longtemps enclavés dans le parc de Versailles et l'on chercherait bien vainement aujourd'hui trace des habitations qui formaient les villages de Trianon, Choisy et leurs écarts.

Nous avons eu occasion de nommer d'autres fiefs ou arrière-fiefs, dans le cours de cette histoire, nous mentionnerons encore le fief ou arrière-fief de Laistre, consistant en une ferme à Bailly, dont était possesseur, en 1666, messire Claude de Laistre, bourgeois de Paris, parent de défunt Jean de Laistre et de Geneviève de Laistre, fille de Jean. En 1687, M. de Laistre, contrôleur de la grande chancellerie de France, était le propriétaire ou seigneur de ce fief, et parmi les membres de cette famille qui en furent seigneurs par la suite, nous citerons notamment : en 1690 : messire Pierre de Laistre, prestre, ancien chanoine de Tours ; messire Joseph de

_____

(1) B. de Sainte-James-Gaucourt. — Le Val-de-Galie. p. 98, 109, 114.

Laistre, conseiller secrétaire du roi, en ses conseils d'E-
tat, direction et finance, qui, ayant épousé Marie-Anne
Berthelot, en eut : Joseph-Simon de Laistre et Marie-
Anne de Laistre, vivants en 1695.

Une grange, seul vestige resté de la ferme de Laistre,
se voyait encore entre le village de Bailly et la prairie de
Bon-Repos, il y a quelques années. Sur l'emplacement
de cette ferme se trouve aujourd'hui un chantier de
charpentier, et cette partie du territoire est encore dé-
nommée le Plant-de-Laistre, sans doute à cause des
plantations que cette famille avait fait faire, et qui, disparues de notre temps, n'en ont pas moins laissé leur
nom à ces terres.

En face de cette ferme et de l'autre côté de la route,
se trouvait le domaine ou la ferme du Tillet, appartenant à MM. du Tillet, alliés à la famille de Boucheman,
qui, nous l'avons dit, fut la dernière qui ait possédé le fief
de Bailly.

Le domaine ou ferme du Tillet, était une ferme royale
en 1721, dont Pierre Mahieu était le fermier à cette
époque, et qui étant mort âgé de soixante-dix ans, en
1728, fut inhumé en l'église de Bailly.

Si l'on compte, à part de celles déjà nommées, une
autre ferme royale, celle du seigneur de Bailly, le fief du
moulin de l'Orme, et autres fermes ou domaines particuliers, l'on se demande ce qu'il pouvait rester de terres
à cultiver pour les vassaux et les serfs de ce temps né-
faste. Une rue de Bailly, qui porte aujourd'hui le nom
de la Collinerie, pourrait bien aussi avoir pris son nom
d'un fief ou domaine dont la famille Collin de l'Epine
était en possession, et dont était, en 1711, Robert Collin
de l'Epine, officier de madame la Dauphine, qui, ayant
épousé Marie-Gabrielle Lamy, en eut Jacques Collin,

mort le 16 octobre 1711, à Bailly, étant âgé de trois ans, et Marie-Catherine Collin, sa sœur, morte le 2 novembre de la même année, étant âgée d'un an (1). A Bon-Repos, il y avait aussi une ferme assez considérable, dont Laurent Boiau était fermier en 1757 (2).

La chapelle de Bon-Repos existait encore à la Révolution, et parmi ses chapelains quelques-uns ont été en même temps curés de Noisy, d'autres chanoines de Saint-Honoré à Paris (3).

Le 4 octobre 1791 furent vendus la nue propriété d'une maison, cour, basse-cour, chapelle, écurie, remise et jardin, le tout contenant environ cinq quartiers à Bailly, chapelle de Bon-Repos, à Nicolas-Martial Fouacier, architecte à Versailles, rue du Potager, moyennant 12,200 francs;

Item : Trois arpents et soixante-quatre perches de terre en deux pièces, et un demi-arpent de pré, audit lieu de Bon-Repos, vendus le même jour à Louis-Antoine Fontaine, à Versailles, rue de Noailles, pour 9,050 francs. Le même jour, il fut encore vendu quarante-cinq perches environ de pré près de la ferme de Vaulusseau, appartenant à la cure de Bailly et que Simon-Philippe Thuillier, charpentier, à Bailly, acheta pour 850 francs (4).

(1) Registres des actes de l'état civil de Bailly.

(2) *Ibidem.*

(3) En 1688, messire Louis François, curé de Notre-Dame et de Saint-Lubin-de-Noisy, était de plus docteur en l'Université de Paris et chapelain titulaire de Notre-Dame-de-Bon-Repos, en la paroisse de Bailly.

(4) Arch. de Seine-et-Oise. Ventes des domaines nationaux. District de Versailles.

APPENDICE

LISTE DES OFFICIERS DE LA SEIGNEURIE DE BAILLY.

1524. Urbain Bodin, procureur au parlement de Paris et bailli de la terre et seigneurie de Bailly-en-Cruye.

1528. Michel le Breton, tabellion juré audit Bailly.

1528. Gilles le Coigneux, procureur au parlement de Paris et bailli de la terre et seigneurie de Bailly.

1556. Pierre Buot, clerc, tabellion juré en la prévôté et seigneurie de Bailly.

1571. Pierre Renou, conseiller en cour-laye, bailli, juge et garde du scel du bailliage, terre et seigneurie de Bailly.

1604-1619. Loys Ferrand, prévôt, juge et garde du scel de la prévôté, terre et seigneurie de Noisy, bailli de Bailly.

1604-1612. Mathias Hainaut, greffier et tabellion juré en ladite prévôté de Noisy et de Bailly.

1612-1618. Pierre Gillet, greffier et tabellion juré en la prévôté de Noisy et Bailly.

1626. Louis Ferrand, prévôt de Noisy, bailli de Bailly.

1626. Pierre le Clerc, tabellion juré et greffier des prévôté de Noisy et bailliage de Bailly.

1649. N... du Val, greffier et tabellion de la prévôté et bailliage de Noisy et de Bailly.

1659-1681. Mes⟦re⟧ François Cornet, prévôt de la prévôté de Noisy, bailli de Bailly, depuis bailli de Marly, conseiller du roi et lieutenant au bailliage royal de Versailles.

1681. N... Bourdin, bailli pour le roi, à Bailly.

1681. Pierre Foubert, sergent de Bailly.

La justice de Bailly s'exerça ensuite au bailliage de Versailles, par les soins des officiers du roi.

FERMIERS DU ROI A BAILLY.

1710. Pierre Mazière.

1712. Pierre Mahieu.

1755. Claude Michaux.

LISTE DES CURÉS ET VICAIRES DE BAILLY.

1665. Messire André Cornet, curé ; ⎫

Messire N... Grassy, vicaire. ⎭

1666. N... Jodron, vicaire.

1670. N... Chéradame, vicaire.

1673. E. Goze, vicaire.

1673. Gabriel Denis, vicaire.

1681. P... Louvel, vicaire.

1681. François Gizoline, vicaire.

1681. Louis Aubouyn, curé, mort en 1692.

1682. Pierre Lithard, vicaire.

1684. Jean-Baptiste Ladvenas, vicaire.

1686. Gaspard Granier, vicaire.

1686. Jacques Renouard, vicaire.

1686. Louis Grimault, vicaire.

1692. Jean Goujeon, vicaire.

1692. Pierre Bourgeois, curé.

1692. Charles Rebellat, vicaire.

1693. Martin Rodié, curé.

1693. Gabriel Moyaulx, vicaire.

1695. Julien Gilbert, vicaire.

1698. Martin Hébert, vicaire.

1701. Nicolas Mondolot, curé (1).

---

(1) Nicolas Mondelot, curé de Bailly-en-Cruye, fit en 1701 enregistrer ses armes en exécution des édits, par devant les commissaires établis à cet effet. Elles étaient : d'azur, au chevron d'or,

1701. J. Angot, vicaire.

1702. Pierre Desfrêches, curé, mort en 1733 et inhumé dans le chœur de l'église de Bailly, sous le lutrin, étant âgé de 60 ans.

1710. Jannin, vicaire.

1726. Allain, vicaire.

1733. Pierre Fordrinière, curé, mort en 1752 étant âgé d'environ 53 ans, et inhumé dans le chœur de l'église de Bailly, en présence des curés des environs.

1735. B. Conches, vicaire.

1736. Denis du Coudret, vicaire.

1741. J. Bouhon, vicaire.

1745. C. P. Charier, vicaire.

1748. Claude-Nicolas le Brun, vicaire.

1752. N... Desforges, curé.

1755. Mac-Mahon, vicaire.

1757. Duclapt, vicaire.

1765. L.-P. Blanchet, vicaire.

1767. Christophe Auger, vicaire, était curé de Beynes, en 1790.

1785. Jannin, vicaire.

1788. Basset, vicaire de Bailly (1).

APPENDICE

NOTE 1.

Charte de Simon de Neaufle, approuvant la donation de Guillaume de Bailly, à l'abbaye des Vaux-de-Cernay (1207).

accompagné en chef d'une étoile, accostée de deux roses, et en pointe d'une montagne surmontée d'une hache posée en bande, le tout d'argent (Bibl. nat., mss. de d'Hozier).

(1) Registre des actes de l'état civil de Bailly.)

Ego Simon, dominus Nialpha, universis paginam presentem inspecturis, notum esse volo quod Willermus dominus de Baalle pro remedio anime sue contulit abbatie Vallium Sarnaü, in perpetuam elemosinam X solidos in censu de Baalle, annuatim reddendos in crastino Sancti Remigii. Hanc autem elemosinam benigno concesserunt Gualterius filius predicti Wilhemmi et Adeliua uxor Gualterii. Igitur ne per generationem successivam aliqua perturbatio vel dilatio fiat abbatie predicte, vel inde proveniat, ego ad cujus feodem census ille pertinet dictam elemosinam concessi et sigilli mei impressione roboravi. Actum anno gratie mille duocentessimo septimo.

(Auguste Moutié et Lucien Merlet, Cartulaire de l'abbaye des Vaux-de-Cernay, p. 158.)

Dans l'état des biens de l'abbaye des Vaux-de-Cernay, dressé en 1511, l'on voit que cette abbaye possédait à cette époque à Bailly, une rente de 10 sols parisis sur le fief, la terre et la seigneurie de Bailly, et qui n'était autre que celle relatée plus haut.

NOTE II.

CHARTE DE LA DONATION DE GUILLAUME DE BAILLY ET D'ADELUYA, SA MÈRE, A L'ABBAYE DE MAUBUISSON.

(1253)

A tous ceux qui ces présentes lettres verront l'official de l'archidiacre de Poissy, diocèse de Chartres, salut : savoir faisons que, comparents en notre présence, Guillaume de Bailly, fils de défunt Gaston de Bailly, en son vivant chevalier, et madame Adéluya, mère dudit Guillaume, veuve, ont reconnu avoir quitté et abandonné entièrement aux religieuses moniales, l'abbesse et le couvent de Notre-Dame-la-Royale, proche de Pontoise, ordre de Citeaux, diocèse de Paris, tout le droit qu'ils avaient ou pouvaient avoir à l'avenir sur la dîme de tous les héritages sis à Bailly et à Noisy, tant en vignes que terres labourables. Voulant et accordant que lesdites abbesse et couvent perçoivent dorénavant paisiblement et sans trouble la susdite dîme sur tous leurs héritages qui sont à Bailly et à Noisy, ainsi qu'il a été dit ci-dessus, lesdits Guillaume et Adéluya sa mère ont aussi quitté tout le droit et le domaine qu'ils avaient ou pouvaient avoir dans la dîme des religieuses de Saint-Quirice (1), sise à Bailly et à Noisy, au profit de ladite abbesse et de son couvent susmentionné. Et lesdits Guillaume et sa mère Adéluya ont donné leur foi entre nos mains qu'ils n'entreprendront jamais de faire rien qui soit contraire au quittement et abandon susdit, ni ne répéteront à l'avenir rien sur lesdites dîmes pour raison de douaire ou de droit d'hérédité ou comment que ce soit par eux ou par autre personne. Lesdits Guillaume et Adéluya sa mère ont aussi promis par l'engagement de leur foi de garantir auxdites religieuses, abbesse et couvent lesdites dîmes tant contre leurs héritiers que contre tous autres. En témoignage de quoi et pour une plus grande fermeté, nous à la réquisition des parties avons trouvé à propos d'appliquer aux présentes lettres notre sceau. Fait l'an de N. S. 1253, au mois de février.

NOTE III.

Milles Chaligault, secrétaire du roi Charles VII en 1439, épousa Anjorrane de Loigny. Son fils, Charles Chaligault,

(1) Saint-Cyr au Val-de-Galie.

sieur de Crosne et de Roye, fut notaire et secrétaire du roi Louis XI (1473-1490). Il épousa Charlotte-Chanteprime qui le fit père de Claude Chaligault, sieur de Crosne, époux de Catherine de Saint-Benoît, mère de Guillaume Chaligault, sieur de Crosne, de Jeanne Chaligault, dame de Crosne, d'Etiolles et de Bailly, mariée à Jacques des Ligneris.

(*Dict. véridique des maisons nobles de France*, par Lainé, tome I, p. 151. — Biblioth. nat., MMss. *Mémoires de Lainé.* — Sauval, *Antiquités de Paris*, tome III, p. 492).

Note IV.

Jacques des Ligneris eut de son mariage, suivant Blanchard : 1° Claude des Ligneris, mort à Rome, où il était pour les affaires du roi Henri II. Il n'avait que dix-huit ans lors de son décès, et fut enterré en l'église Saint-Louis, à Rome ; 2° Théodore des Ligneris et 3° Jeanne des Ligneris, dame de Crosnes, d'Etioles et de la Grange-Piasme, mariée à Claude du Puy, chevalier, seigneur du Coudray-en-Berry et baron de Bellefaye. Il mourut aussi à Rome, en l'an 1576, et fut aussi enterré en l'église Saint-Louis, en cette ville.

(F. Blanchard. *Les Présidents à mortier du parlement de Paris*).

Note V.

Ladite acquisition avait été faite par maître Barbery, procureur au Châtelet de Paris, pour la famille de Boucheman et des mains de demoiselle de la Michodière contre : 1° Augustin-Florimond Langlois-Dubouchet, héritier pour un tiers quant aux meubles et acquêts et pour moitié quant aux propres maternels de ladite dame

Pons ; 2° Monsieur de la Michodière, conseiller d'Etat, prévôt des marchands et échevin de la ville de Paris, comme héritier de ladite dame Pons ; 3° Charlotte-Madeleine Langlois de Saint-Georges, épouse séparée quant aux biens de Antoine de Préfond, président au présidial de Clermont-Ferrand, aussi héritière pour un tiers quant aux acquêts et meubles et pour moitié quant aux propres maternels de ladite dame Pons.

Peu de temps après, Louis de Boucheman mourut. Sa veuve, Henriette Béranger, par son testament en date du 8 pluviôse an IX (28 janvier 1801), laissa le château de Bailly à ses enfants. Elle mourut à Versailles le 28 du même mois (17 février 1801). Elle laissait de son mariage : 1° Pierre de Boucheman qui suit ; 2° Marguerite-Jeanne de Boucheman, mariée à Léon-Antoine Dutillet, dont : Joseph-Henri Dutillet de Villars.

Pierre de Boucheman épousa Louise-Julie Dachard, qui lui donna cinq fils : 1° Henri de Boucheman qui, en 1813, était lieutenant de voltigeurs au 75° régiment d'infanterie de ligne ; 2° Louis-Antoine de Boucheman, présumé tué le 7 floréal an IX (27 avril 1801) dans un combat naval donné dans le détroit de Gibraltar, étant à bord de la frégate française l'*Africaine*, capitaine Magendie ; 3° Louis-André-Jules de Boucheman, officier de cavalerie, concierge général du château de Versailles, qui épousa Adrienne-Sophie-Parfaite de Perreuse, avec laquelle il demeurait au château de Versailles. En 1813, il était prisonnier de guerre en Angleterre ; 4° Guillaume de Boucheman, lieutenant de cavalerie et valet de chambre du roi, qui fut marié à demoiselle Agathe-Alexandrine de Bois-Léger ; 5° Charles-Jules-Pierre-Eugène de Boucheman, lieutenant de cavalerie et aide-concierge au château de Versailles, où il demeurait aussi, et qui à la mort de son frère, lui succéda comme concierge en titre, mais fut remplacé à la révolution de février 1848. Il fut, en 1832 et en 1834, l'un des fondateurs de la Société des Sciences naturelles et de la Société des Sciences morales. Nul ne connaissait mieux que lui la Flore des environs de Paris, et son herbier, composé et classé avec une méthode qu'on rencontre rarement, a été donné à la ville et il est conservé dans les collections de l'Ecole normale primaire. Très versé dans la connaissance des langues anciennes et modernes, il a laissé beaucoup de travaux inédits. Ceux qui ont été insérés dans les Archives de Seine-et-Oise (1837), dans la Revue de Versailles (1841), et dans les Mémoires de la Société des Sciences morales (tomes I et II), font regretter que les autres n'aient pas été publiés. E. de Boucheman mourut octogénaire à Versailles, le 27 décembre 1878.

Louis-Henri, de Boucheman, fils de Louis-André-Jules, né à Versailles, le 30 juin 1827, entra à Saint-Cyr en 1844, et servit avec distinction en Afrique, en Crimée et en Italie. Nommé lieutenant-colonel au 2ᵉ de ligne, le 10 août 1868, il tomba très grièvement blessé sur le champ de bataille de Reichsoffen et demeura prisonnier de guerre jusqu'à la conclusion de la paix. Quoique sa blessure fût loin d'être guérie, il reprit aussitôt du service dans les bureaux de la guerre, où le travail de réorganisation réclamait le concours des officiers les plus estimés. Nommé colonel le 26 juin 1871, il fut promu général de brigade le 30 septembre 1875. Appelé au commandement de la Manche, puis des Côtes-du-Nord, il mourut subitement à Saint-Brieuc, de la rupture d'un anévrisme, le 25 janvier 1880, âgé de 52 ans (1).

(1) Je dois à M. Anquetil les renseignements qui concernent MM. E. et Louis-Henri de Boucheman.

Les fils et héritiers de Pierre de Boucheman vendirent le château de Bailly et tout ce qui en dépendait, par acte passé à Versailles le 30 avril 1825 par-devant maître de Villeneuve, moyennant 75,000 francs, comme nous l'avons dit, à MM. Xavier Pons et Léon Cartier, vicomte d'Aure, écuyer cavalcadour de Sa Majesté, chevalier de l'ordre royal de la Légion d'honneur, demeurant à Versailles aux grandes Écuries du roi. Le parc de Bailly, enclos de murs, contenait alors huit hectares cinquante-quatre ares et soixante-douze centiares ou vingt-cinq arpents environ. Au long de ce parc, et placé derrière le château, se trouvait le cimetière (1).

Les registres des actes de l'état civil de Bailly nous font connaître, comme complément à ce que nous venons de dire sur les derniers seigneurs de ce lieu, que : en 1767, M. Pons, avocat au Parlement de Paris, prenait le titre de seigneur du fief de Bailly. En 1773, le 15 juillet, dame Madeleine-Suzanne Boulin, veuve de M. Étienne Pons, ancien avocat au Parlement et ancien bâtonnier de son ordre, dame du fief de ce lieu, décédait dans son château de Bailly, dans la quatre-vingt-septième année de son âge, et fut inhumée deux jours après dans l'église de Bailly, en présence du sieur Jean Meurier, bourgeois de Paris, exécuteur du testament de ladite dame, de maître Alexis Belle, avocat au Parlement, conseiller du Roy, commissaire enquêteur et examinateur au Châtelet de Paris, et de monsieur Charles Alexandre Caterbi, huissier des ordres du Roi.

En 1777, le 5 février, eut lieu en l'église de Bailly, le mariage de Léonard-Antoine Du Tillet de Villars,

____

(1) Titres du château de Bailly. Communication de Monsieur Maréchal.

écuyer, valet de chasse du Roy et avocat au Parlement
de Paris, fils majeur de messire Jean-Joseph Du Tillet
de Villars, écuyer, gouverneur des pages de la chambre
du Roi, et de dame Anne-Catherine Tourette de Flame-
nat, avec demoiselle Marguerite-Jeanne de Boucheman,
fille majeure de messire Louis-Marie de Boucheman,
écuyer, valet de chambre du Roi, concierge du château
de Versailles, seigneur du fief de Bailly, par acquisition,
et de dame Elisabeth-Henriette Béranger, femme de
chambre de Madame.

Le 3 novembre 1779, eut lieu en la même église, le
mariage de Pierre de Boucheman, fils majeur des précédents, avec demoiselle Louise-Julie d'Achard, fille mi-
neure de messire Joseph-Henri d'Achard, chevalier de
l'ordre royal et militaire de Saint-Louis, ancien capitaine des grenadiers de Madame la Dauphine, et commandant des Suisses et des Invalides de la garde de Versailles, et de défunte dame Geneviève-Julie Bailly.

Enfin, le 28 pluviôse an IX de la République (17 février 1801), à minuit, décédait à Versailles, dame Elisabeth-Henriette Béranger, veuve de Louis-Marie de Boucheman, étant âgée de soixante-dix-sept ans, née à Versailles,
le 11 décembre 1723, fille de Jean-Baptiste Béranger,
officier des Cent-Suisses, et de Henriette le Bel, son
épouse ; son corps fut enterré à Bailly le lendemain, en
présence de Pierre de Boucheman, propriétaire à Bailly,
son fils, âgé de 49 ans, et de Léonard-Antoine Du Tillet
de Villars, son gendre, âgé de 63 ans. Ce dernier était,
en 1785, officier des ordres du roi.

9 782014 452570